大眾集

—— 對國家大事漠不關心，最終便淪為刀俎下的魚肉 ——

鄒韜奮 著

在國家生死存亡之際，最可悲的不是軍備的不堪一擊，
而是這片土地就要消失了，你卻自始至終被埋在鼓裡。
說好的言論自由呢？那不是普世價值嗎？

原來，一切都只是統治者弄權的手段——

目錄

目錄

漫筆

信箱

附錄

我們的燈塔《大眾生活》創刊詞

我們為什麼要辦《大眾生活》週刊？

我們提起「大眾生活」這四個字，就不免引起無限的感觸，尤其是想到目前中國的現狀，因為「大眾」和「生活」簡直是在一天一天地脫離關係！在這種慘酷的現狀下面，徒然長吁短嘆，呼號著「民不聊生」的口頭禪，是沒有用的，我們必得要明白中國大眾所處的實際地位，明白中國大眾一天一天地和生活脫離關係之所由來，障礙物弄清楚之後，才能對著目標，共同努力來死裡求生，尋找出路。致中國大眾死命的最大敵人是什麼？換句話說，剝削中國大眾壓迫中國大眾的最大敵人是什麼？倘把中國大眾看作一個大集體，背上負著千萬鈞壓力的這個大集體上面，有封建殘餘的遺物——軍閥官僚地主豪紳——有帝國主義卵翼下的買辦和準買辦階層；在這兩大派剝削者上面（這兩大派當然還有混合體的可能，例如有不少軍閥官僚地主豪紳也可加入做買辦或準買辦），便高蹲著勾結中國的封建殘餘，利用買辦和準買辦階層，以吮吸中國大眾脂膏的帝國主義。帝國主義在中國往往扶持著一派軍閥以抗別派，使中國常發生內亂，永不能統一；操縱中國經濟命脈，使民族工業不能發達。所以中國大眾的唯一生路是在力求民族解放的實現，從侵略者的剝削壓迫中解放出來。這是中國大眾的生死問題，也是我們所要特別注意的重要目標。關於這方面，記者曾在所著的《萍蹤寄語第三集》的〈弁言〉裡提出兩點：

「……第一點是這種鬥爭的中心力量在那裡？……中國是世界的一環：中國自己說不到帝國主義，但有帝國主義在中國；因此中華民族解放的鬥爭，絕不能倚靠帝國主義的代理人和附生蟲；中心力量須在和帝國主義的利益根本不兩立的中國的勤勞大眾的組織。這樣的中心力量才有努力鬥爭的決心和勇氣，因為他們所失的就只不過是一條鎖鏈！」

「第二點是帝國主義自身的矛盾日益尖銳化，一方面對於殖民地和半殖民地的壓迫剝削固然要愈益加厲，一方面也是有鬥爭決心和勇氣的被壓迫被剝削的民族所可利用的機會。當然，這民族如一味的投降，退讓，反而可使帝國主義將從殖民地和半殖民地所搶奪的贓物，用來維持它的殘局；反過來，如這民族能積極鬥爭，使帝國主義不得高枕而臥，無法麻醉本國的大眾，由此促進世界人剝削人的制度的崩潰，不但獲得民族自身的解放，同時也是有功於全人類福利的增進：這是我們對於民族的責任，同時也是對於世界的責任。我們看清了世界的大勢，分清了敵和友，應該要把這兩種責任擔當起來！」（中國在目前因處於黑暗屈辱的環境中，也許有些人失卻民族自信力，懷著妄自菲薄的念頭。但據記者在國外的經驗，凡是明白世界大勢站在革命立場的人們，談起中國沒有不承認中國是世界革命的一個中堅，中國的奮發向前，可以震動世界，促進世界舊社會的崩潰，加速世界新社會的到來，對中國懷著很大的熱誠和希望。我拿回來和國內的消極悲觀者的態度一比，真覺得相差得那末遠！）

我們因談起民族解放的重要，連帶想到阻擋這個解放鬥爭的帝國主義。但同時不要忘卻為虎作倀的封建殘餘的勢力。所以封建殘餘的剷除，是我們所要注意的第二個目標。中國的封建制度，雖在形式上早已消滅，但是變相的封建殘餘勢力——軍閥官僚地主豪紳——卻仍在放縱榨取，大膽吸著大眾的膏血！不堪被榨取的農民被他們趕到城市裡去，仍然要遭受資本帝國主義下的買辦和準買辦階層的榨取。所以在這樣的現況下，勞苦大眾無論由農村跑到城市，或由城市跑回農村，滿地荊棘，都是火坑！真所謂「走投無路」！民族資產階層本來可在形成後聯合下層群眾掃除封建勢力，學法國大革命的前例，走上純粹資本主義的路。但這條老路既因種種關係，不是半殖民地的國家所可能；所以帝國主義下的買辦和準買辦階層只有附生在侵略者的餘蔭之下，偷些餘瀝，和封建殘餘勢力竟成「難兄難弟」，同為帝國主義的工具，和勞苦大眾成著對壘的形勢。於是勞苦大眾的唯一生路——也可以說是民族解放的唯一可能的途徑——只有鞏固著一條戰線，衝破重圍，用大眾的力量，發動民族解放的鬥爭，認清敵壘和所附屬的全部體系，作自救的英勇奮鬥！

要從民族解放的鬥爭中達到目的，還要注意到個人主義的克服。所謂個人主義，原是市場自由競爭所形成的意識，也是生產工具私有的護符。個人主義以個人為一切利害的中心，以個人自由為標榜。至於只有勞力可賣的人們，沒有選擇的餘地，有什麼自由可言？除餓死外，不得不忍受半飢餓的工銀待遇，有什麼自由可言？這都不在個人主義者所高唱的個人自由的範圍！都不值得他們的一顧！在經濟上所謂「放任主義」，是避免社會干涉，縱任各人自由競爭，各自掠奪最大的利潤。所以個人主義在資本主義充分發達的社會，發達到極點，同時也就是維護資本主義的堡壘。中國因有帝國主義的壓迫，民族資本無發達的可能，也即是資本主義無發展的可能，所以個人主義也沒有充分發達的可能。因為個人主義不免要隨處碰壁，所以有些人開著倒車，想返到封建社會的老路上去，極力提倡封建的「道德」，養成「奴性」，以便於控制。他們沒有想到時代的巨輪是向前進的，軍閥官僚地主豪紳在沒落的時代，還要想「萬世無疆」，不是時代所許可的了。在另一方面，個人主義在半殖民地的國家雖不能充分發達，而因資本帝國主義的侵入，個人主義的流毒卻已漸漸地蔓延起來了。有些人還夢想追蹤歐美的「自由派」，高唱個人自由，其實「高等華人」也許是自由了，和一般大眾有什麼相干？（細想起來，做洋大人應聲蟲的「高等華人」究竟有了什麼自由？）民族未解放，個人何從獲得自由？個人不是做集團的鬥士的一員，何從爭自由？個人離開了集團的鬥爭，何從有力量爭自由？以個人的利害做中心，以個人的利潤為背景，又怎樣能團結大眾，共同奮鬥來爭自由，所以我們要應現代中國的大眾需要，就必須克服個人主義，服膺集團主義。集團獲得了自由，做集團中一員的個人才能獲得自由。個人沒有力量，集團才有力量。若只在個人的圈裡翻筋斗，想到個人的渺小，無力，怪不得要感到悲觀哪，消極哪。參加集團的活動，以集團為一切利害的中心，以集團的解放為前提，便感到鬥爭力量的偉大，便感到被壓迫的階層對於壓迫階層進攻的前途的光明。所以個人主義的克服，是我們的第三目標。

力求民族解放的實現，封建殘餘的剷除，個人主義的克服：這三大目標——在汪洋大海怒濤駭浪中的我們的燈塔——是當前全中國大眾所要努力的重大使命；我們願竭誠盡力，排除萬難，從文化方面推動這個大運動的前進！

論壇

國事緊張中的言論自由

國事越緊張，民眾對於新聞的消息和時事的評論也特別地注意，所以因事實上的要求，言論自由也成了很引起民眾關心的一個問題。這次「五全大會」對於這一件事的提案有「開放新聞恢復言論自由案」，在題目上有著「開放」和「恢復」的字樣，在目前的事實上是什麼情形，已可看得出了。據報載這提案的審查意見，認為：「一、以後對於宣傳方法，力加改善；二、重訂取締新聞營業辦法，嚴訂編輯記者之資格，與最低限度之基金。」「擬交主管機關，於修訂法規時，切實注意。」這樣辦法，對於言論自由這個問題解決了什麼呢？

所謂言論自由，就新聞業的觀點看來，最簡單的是真實的消息要讓民眾看得到，正確的評論要讓民眾聽得到。照現在的實際情形，民眾很關心外交消息，而在報紙上就老實找不到這種消息；民眾很關心到底當局對於時局有何辦法，而在報紙上也得不到要領。誠然要民眾「共赴國難」嗎？那至少要讓民眾知道到底是怎麼一回事。現在的民眾卻好像蒙在鼓裡，透不過氣！結果中國人對於本國報紙的信用簡直完全喪失，反而要設法從別方面探聽消息，你一句我一句地亂猜一陣；在中國的外國報紙是享有特權的，說來可憐，中國人要尋點真消息，反而要看在中國的外國報上的消息或評論，因此中國報的銷路往下跌，而在中國的外國報的銷路卻突然大增。閉塞中國人民的耳朵眼睛的負責人，徒然間接地替外國報增加權威。當局希望人民「以常識判斷謠言，以鎮靜觀察時局」，其實只有「開放」真確的消息，才能使人民知道什麼是「謠言」；只有知道真確的策略的人，才有「鎮靜」的可能。

嚴格說起來，與事實符合的真消息，和確能反映大眾公意的言論，是無法終於壓迫下去的。例如德國，對於壓迫言論和箝制新聞方面也煞費工夫，但是民眾究竟不是可以欺騙到底的，德國的報紙「現在存在的銷數，大都跌落過去的一半或不到一半，因為德國的數百萬讀者，已經不願閱讀那種除掉登載些屢次重複的奴才化的字句別無他物的報紙。現在德國的人民自己都不信任在德國出版的報紙雜誌和書籍」（見奧國 *Neues Wiener Tagblatt*〈德國新聞業的衰落〉一文）。記者不久以前在德國親聽德友說起，要找真消息，只有看外國報。可見任何國的民眾對於真確的消息和正確的言論是無孔不入地尋覓著，要把無法壓迫下去的東西硬要壓迫，這是勞而無功的。

埃及的民族解放運動

現在是什麼時代？是帝國主義到了沒落階段的鋌而走險的時代！是被壓迫民族的勞苦大眾風起雲湧著起來，為民族解放而英勇鬥爭的時代！這是全世界的浩浩蕩蕩的一往無前的大勢，雖然帝國主義的新聞機關採用封鎖新聞的政策，有許多重要的消息都不是在表面上容易看到的，但是被壓迫民族的反帝運動的消息卻仍在東鱗西爪地流露著它的鋒芒。最近埃及反英運動的爆發，也是這全世界被壓迫民族解放運動裡面的「一斑」。

民族解放運動，一方要靠自己積極鬥爭的主觀的努力，一方在客觀方面也有帝國主義本身的矛盾可以利用。當世界大戰的時候，英帝國向土耳其奪取了埃及的宗主權，宣布埃及為英國的保護國，但是在帝國主義彼此間發生衝突自顧不暇的時候，總是恐怕殖民地要掀起反抗的高潮，所以當時曾把甜言蜜語來欺騙埃及人，宣言等到戰爭終了後，即允許埃及獨立。埃及人在當時並未曾想到「獨立」是要自己拚命鬥爭取得的，不是那樣便宜可由「允許」得到的，所以竟受了大欺騙，雖在水深火熱之中，反而替英帝國主義「服」了不少的「務」，眼巴巴地等過了四年的悠久歲月，戰爭是暫告「終了」了，而「獨立」的「允許」也隨著「終了」，到這時才覺悟到帝國主義的欺騙政策！到了最近，英外相霍爾仍在公然宣言英國絕不允許埃及獨立，由此引起反英示威運動的大波。埃及政府竟用軍隊壓迫參加反英示威運動的學生。據埃京開羅的電訊，因示威運動而送命的已有數十人，不但開羅，其他地點也有學生起而響應。埃及政府正在忙於派兵彈壓，大學生要替死難的學生開追悼會，也被政府禁止。法律界曾於十七日開大會，請全體律師於本星期四停業。這次事變的成敗如何還在其次，重要的意義是帝國主義已不能安然統治殖民地，被壓迫的民族非達到解放的日子，鬥爭是不會終止的。

這次埃及的反英運動，是由大學生領導，這是殖民地大學生的特殊境遇所促成的現象，這也是殖民地的大學生對於民族解放所當負起的責任。在歐美各國，新運動多由勞動界領導，在殖民地則多由學生領導——至少在初期是這樣。這是因為前者的勞動界在知識水準上比較地高，在殖民地的國家，比較地差些，所以大學生對於民族解放運動有他們特殊重要的使命。

但是僅僅大學生，當然還是不夠的，必須聯合被壓迫的大眾，共同起來奮鬥，動員全民族大眾的鬥爭力量，才能達到所預期的結果。

時代不同了，最後的勝利必然地是在能鞏固戰線起來鬥爭的被壓迫者的方面。

華北問題

最近吸引全國注意的事情要算是所謂華北「自治」運動和無恥小丑殷汝耕的傀儡活劇，在背後牽線的是什麼，已是公開的祕密，沒有人不知道的，用不著什麼分析；但是因為這消息的傳播，便引起什麼華北問題。好像大家所焦急的就只不過是華北問題，所要求解決的也只不過是華北問題；好像只要華北問題解決了，嚴重的局面便消釋，中國便沒有什麼嚴重的問題了。這種見解最容易模糊中國大眾對於中國整個民族生死問題嚴重性的正確的認識。我們要大聲疾呼，敬告全中國的大眾，我們當前的最嚴重的問題，是全民族爭生存的問題；表面上看去似乎有些像是局部問題，實際上所謂局部的問題，便是這全民族爭生存的整個問題的一個部分，孤立著是解決不了的，離開全局問題是解決不了的。嚴格說起來，無所謂東北問題，華北問題，就是整個中國的生死問題。這一點倘若不徹底地弄個明白，無異把自己的眼睛掩閉著，對全局的現實熟視無睹，結果是一個「局部」又一個「局部」地被宰割掉，一直往著死路上跑，不想到動員全民族大眾的集體鬥爭的力量，共同起來為著整個民族的存亡作殊死戰。

從前鬧過什麼東北問題，好像東北問題就不過是東北的問題，和全中國是不相干的；等到東北「奉送」以後，好像因為既經被人「賞收」之後，東北便沒有問題了！當時很少人注意到東北的淪亡只不過是整個中國淪亡的開端，實在和整個民族生死問題有著密切的關係，卻存著苟安的心理，以為東北雖「奉送」，其他部分還可以苟存。乃至處於領導社會地位的胡適之先生，當華北危機最初發動，所謂塘沽協定成立的時候，他自認為「辯護的人」，認為除東北外，有了這個苟安的協定，「至少也應該使他們不得在東四省以外多占一尺一寸的土地」（這當然不是僅注意於胡先生個人，不過舉作例子以代表當時好些人的見解），現在鐵一般的事實，已證明當時這種見解的錯誤了。現在鬧著華北問題，倘若仍舊存著從前對於東北問題一樣的態度，不堅決地看作這是整個中國生死存亡的問題，而僅認為是華北的局部問題，那除非是聽任華北做東北第二，全中國做華北第二，絕對得不到其他的結果。

由敵人牽著鼻子走的所謂「自治」，固然是我們所絕對不能容忍的，但即使「自治」暫時停頓了，華北問題就算解決了嗎?中國的軍隊不能在中國國土內調動，中國的官吏人民得任人隨意逮捕，即使沒有什麼「自治」的勾當，是否仍可視為中國的完整的國土？侵略方式多著哩，有經濟提攜文化合作等等的美名，有名無實的解決，在實際上還是沒有解決，對於整個中國的生存還是有著無窮的禍患，這也是我們所應當嚴重注意而不要被欺騙的。

所謂「三大原則」

據日本的通訊社（日聯社和電通社）發表的新聞（曾經登載在上海英文《字林西報》，上海日文《日日新聞》，上海《大美晚報》，天津《大公報》），駐日中國代辦丁紹伋，曾於十一月十八日到日本外務省訪問重光次官，表示中國政府完全承認日廣田外相所提出的三大原則：（一）取締中國的抗日運動；（二）樹立中國日本和「滿洲國」的合作制度；（三）實施由三國共同防共的政策。這些話語都是由日本的通訊社公開地傳播出來，我們還未見有中國政府的證實或否認，所以究竟中國政府是否已如日本通訊社所傳，已由負責的外交官對日政府表示過，我們當然未能斷定。不過就所謂「三大原則」的內容看來，我們認為很可詫異的。

試先就第一個「原則」說，即假使果有如日本通訊社所認為中國有「抗日」的運動，其實在民眾方面不過是愛國的運動，愛國運動屬於內政，不應受別國的干涉。倘若為民族爭生存，為國家求獨立，乃至提倡用本國國貨，紀念國恥，都可看作犯罪，都要由政府「取締」，這是否政府所應做的事情？

講到第二個「原則」，一個國家的屬省叛離了祖國，這在祖國很顯然地很合國際法地可視為叛逆，所以所謂「滿洲國」，國際聯盟即有一致否認的議決案，在被叛的祖國——中國——更始終沒有承認，也不應承認。假使中國政府敢冒著這樣的大不韙，不但無以對全國國民，也無以對當初極力求援而現在中國還是一個會員的國際聯盟。中國政府對叛離祖國的東北四省既絕對不應承認，在事實上也沒有承認，有什麼「合作」的可說？而且不承認叛離祖國的屬省，不和叛離祖國的屬省合作，這也是屬於內政，不應受別國的干涉。

最後講到第三「原則」，即關於「三國」共同防共的政策。倘若這裡「三國」包括所謂「滿洲國」，那是中國所不能承認的，理由在上面已說過了。「防共」本身是另一問題，在這裡不去說它，但無論如何，這也是屬於內政的範圍，也不應受別國的干涉的，那也是很顯明的。日本國裡也有共產黨，倘若中國的政府也要派兵跑到日本國去實施「共同防共的政策」，必然地要受拒絕的，理由很簡單，因為這是純粹屬於內政的問題。

我們已經說過，中國政府已承認日本的所謂「三大原則」，這新聞是完全由日本的通訊社傳播的。我們認為倘若中國政府不承認中國是已經完全亡國了，這「三大原則」是沒有接受的可能。我們感到這個新聞的嚴重性，知道全國民眾對於這個新聞的惶惑不安，以為關於日本通訊社所傳播而已經廣載於中外報紙的這個新聞，中國政府對全國人民應有明白的表示。

我們的三大原則

據日本通訊社所傳播的消息，日本廣田外相曾對中國政府提出「三大原則」：

（一）取締中國的抗日運動；

（二）樹立中國日本和「滿洲國」的合作制度；

（三）實施由中國日本和「滿洲國」共同防共的政策。

這是日本對中國政府提出的「三大原則」。現在我們站在中國民眾的立場，也應該向政府提出我們的三大原則，以答覆日本廣田外相的「三大原則」，就是：

（一）堅決收回東北失地；

（二）恢復革命外交；

（三）恢復民眾運動和言論自由。

先講第一個原則：堅決收回東北失地。現在大家紛紛鬧著華北問題，好像有問題的就只是華北，好像華北問題是可以孤立地單獨解決似的，好像只要能把華北問題解決了，什麼都可以通融，什麼問題都可以沒有了。其實我們如肯仔細研究一下，華北所以成為問題，是因為中國在自己的國土內劃出了什麼「戰區」，在這戰區裡，中國的軍隊不許去，而「友邦」的軍隊卻可以任意布置；所以有著這二十二縣的偌大區域的「戰區」，是因為有了什麼《塘沽協定》（後來還有所謂《華北協定》，雖內容未明，中國更受加深一層的屈辱是可以想見的）；所以有《塘沽協定》，是因為中國失去了東北四省，東北四省是華北的屏障，是中國的大門；屏障不保，大門洞開，不但華北的危機永遠不能消滅，即整個中國的前途，亦將永無安全的日子！大家只見著「活見鬼的華北自治運動」，大家只忙著發通電討伐漢奸殷汝耕（漢奸當然要討伐，這是沒有問題的），但是「活見鬼的華北自治運動」的胡鬧，漢奸之敢於肆無忌憚，都是因為有了中國不能派自己的軍隊去的「戰區」做憑藉，而這種「戰區」之所由來，所以能存在，卻是由於中國未下決心收回東北的失地。北平教育界領袖四十餘人，對華北時局聯名發表宣言，說「我們要求政府用全國的力量維持國家領土及行政的完整」，義正辭嚴，我們當然表無限的同情，但是我們要知道失了東北四省已經是破壞了中國「國家領土及行政的完整」，而且是隨著來的破壞中國「國家領土及行政的完整」的根據地，所以收回東北失地是解決迫在眉睫的國難的基本辦法；否則華北問題絕無根本解決的可能，而且在華北問題之後將隨著華中問題華南問題，這是必然的趨勢！所以我們倘若不想拯救中國的危亡，什麼都不必說，否則必須很明確地主張必須堅決收回東北失地。

我們的第二個原則是恢復革命外交。最誤國的是搖尾乞憐的外交，是自己沒有堅決的立場而只是仰人鼻息看人顏色的外交。帝國主義對於所侵略的國家絕不肯因搖尾乞憐而中止，這是很顯然的。革命外交是以民族的解放——爭取民族的自由平等——做堅決的立場。有了這樣的堅決的立場，對於一切外交，必須不違背這個基本原則的才有商量的餘地。要達到革命外交的目的，有兩點非常重要：一是聯合以平等待我的民族，二是公開外交。中國的真正朋友絕不是帝國主義，外交策略雖可利用帝國主義彼此間的矛盾，但是同時也須看清世界大勢，聯合以平等待我的民族，結合真正的朋友，共同奮鬥。至於公開外交的必要，那也是很顯然的。以解放民族為中堅的革命外交，必須獲得民眾的後盾；要獲得民眾的後盾，必須讓民眾知道是怎麼一回事，到底採用了什麼辦法。

我們的第三個原則，是恢復民眾運動和言論自由。中國如果真有收回東北失地以根本解決國難問題，恢復革命外交以力圖民族解放的決心，那末民眾運動和言論自由，便有恢復的絕對必要。中國要從死裡求生，是整個民族爭生存的問題，必須由整個民族的大眾共同起來奮鬥的，必須用整個民族的大眾力量來作殊死戰的。民眾運動受著壓迫，大眾的力量從何運用？言論自由受著壓迫，大眾成了一大群瞎子聾子，國事雖危迫萬分，他們在報紙上所知道的是平靜無事，或謠傳紛紜，不知所從，大眾的力量又從何起來？

徒然空泛地喊著要「自衛」，甚至紛傳要等到華北五省真被拿去，那才必然要「自衛」，這都搔不著癢處，都是妥協的煙幕彈！我們所以要很明確地提出我們的三大原則，堅決收回東北失地，恢復革命外交，恢復民眾運動和言論自由，這至少是我們大眾在目前所應有的一致的嚴重主張，是全國在目前應督促實現的拯救國難的基本原則。合於這三大原則的策略和行動，便是真有為中國民族爭取生存的誠意的表現，便值得我們大眾的擁護，共同奮鬥；不合於這三大原則的策略和行動，無論怎樣花言巧語，都是欺騙！

中國政府要接受日本的「三大原則」呢？還是要接受中國民眾的三大原則？中國政府如果是要民眾的，那就應該拒絕日本的「三大原則」，接受中國民眾的三大原則！

蔣夢麟被邀請談話

據上海《新聞報》北平電訊，「日方廿九日下午四時派憲兵二人，赴蔣夢麟宅訪蔣，蔣不在，旋赴北大見蔣，請蔣同赴日兵營談話。到後，由日憲兵隊長與蔣對談，該隊長謂蔣文字言辭均有抗日嫌疑。蔣詰以有何證據，北大學生平時有抗日運動者，余曾勸其不必過火，因其抗日宣傳品所用紙張，均系日貨，何言抗日？……該隊長乃請蔣赴大連談話，蔣嚴辭拒絕……」

「請」字是很客氣的字眼，但「派」著「憲兵」來「請」，這是什麼事，可以無須說明了。蔣校長所處的境地的困難，我們是可以想像得到的。我們對於此事的感想是：這不僅僅是關於一個人的一件事；倘我們對於危迫的國事不想死裡求生的積極辦法——下決心幹的積極辦法——全國任何地方的任何人，都有這樣「被邀請」的機會。「被邀請」而僅僅「談話」，已算是萬幸的啊！苟安偷生的人們，以為可以袖手旁觀著苟安偷生下去嗎？目前是整個民族生死安危的關頭！是人人生死安危的關頭！在受侵略的整個民族，茫茫大地終必沒有一片乾淨土，終必沒有一個可以避免奴隸命運的人，「置之死地而後生」，死裡求生，這最後的掙扎，是在我們自己的掌握中！

高考落第的悲劇

據說有位王育才，年廿六歲，是大學畢業生，最近因高考落第，痛不欲生，在南京大香爐春和園茶社喝茶，獨坐在一個角落裡，把私買的安眠藥片和茶吞服，不久即神志模糊，面色慘變，被該社茶房看見，立即報告崗警，由警察轉送中央醫院救治，恐有生命的危險。

還有一位李俊，年三十四歲，曾經畢業於上海某大學，和他的愛人王玉華同居南京城北尖角營。李賦閒已久，衣服典盡，生活窘迫。玉華煩怨，向李分去，李以已報名參加高考，自有希望相答。不料初試發表，李即名落孫山。玉華更向李吵鬧，說「你不夠比朱買臣」，李聽後氣極，嘔血幾升，現正呻吟在床上，愛人已回到母家。

投考落第的不止兩個青年，落第而想尋短見或氣得生病的，想也不只這兩個青年，上面的新聞不過是偶爾泄露，這種簡略新聞的後面實伏有不少的慘象，也可以說是中國一般青年的生計一天一天地接近絕路的一些象徵。

就原則上，我們當然也可以說演著高考落第悲劇的青年在人生觀上患著很大的錯誤，因為人生對於社會對於民族乃至對於世界人類，都有著更大的目標，怎麼為著區區的考試落第便尋短見，或氣得要死？但是我們一方面雖不贊成這樣的輕生行為，一方面卻也不可忘卻生計壓迫的慘酷，容易使人輕生，使人沒有法子活下去！這是很嚴重的一個社會問題，徒然空口說教是沒有多大效用的。

誠然，在官場冗員充斥的中國，就是高考獲選，也不見得就有事做，這是已往的事實顯然地告訴我們的。像上面所說的李君為著愛人求去而苦上加氣，這也是很無謂的，所以青年們在識見上的錯誤誠然是無可為諱的。但是生計沒有出路的嚴重事實，卻仍然存在，仍然是個待決的重要問題。

學生救亡運動

北平各大學和中學的數千學生，鑑於亡國慘禍的危迫，於本月九日舉行請願和示威遊行，在軍警嚴厲威脅之下，全天在寒風凜冽飢渴交困中冒險進行，雖經水龍沖擊，皮鞭亂打，大刀亂揮，不能阻擋他們的大無畏的犧牲精神。本月十六日北平學生五千餘人又作更英勇壯烈的示威運動，軍警用武力壓迫，手槍亂放，大刀直衝，學生仍然從容鎮靜，受傷被捕的數十人。這至少使全世界知道中國大眾並不是甘心做奴隸；至少使全世界知道投降屈辱，毫不知恥，並不是出於中國大眾的意思。這是中國民族解放鬥爭的序幕，這是中國大眾為民族爭生存不怕任何犧牲的先聲！我們在民族解放鬥爭大旗的下面，滿腔熱誠，萬分悲憤，遙對北方，向參加救亡運動的男女同胞們致最懇摯的革命敬禮！

我們覺得這個運動的最大的意義是：久在高度壓迫下的鬱積苦悶悲痛憤怒的全國大眾對於民族解放的鬥爭情緒，好像久被抑制的火山，在這裡迸裂噴放怒號一下。換句話說，這絕不是僅僅北平一個地方，僅僅北平數千的熱血青年對於國事的態度，這個運動實在是足以代表全國大眾對於救亡的堅決的意志，實在是全國大眾對於救亡的堅決的意志之一種強有力的表現。關於這個重要的意義，只要看全國各地學生的洶湧的響應，全國各界的熱烈的同情，便是鐵一般的事實的佐證。參加救亡運動的男女青年同胞們！你們的呼號聲，是全國大眾心坎裡所要大聲疾呼的呼號聲！你們的憤怒的表現，是全國大眾所要表現的憤怒！你們緊挽著臂膊衝過大刀槍刺的英勇行為，是全國大眾所要灑熱血拋頭顱為民族解放犧牲一切的象徵。記者為著民族解放的前途，要對你們這先鋒隊頂禮膜拜，致最誠摯的無上敬禮！

有人估量學生救亡運動的價值，認為學生們喊口號，提要求，文電紛飛，示威激昂，對於民族解放似乎沒有多大實際的效力。其實這種見解是犯著很大的錯誤。民族解放鬥爭的最後成功是要靠全國大眾的全盤努力，僅把任何一部分的工作抽出來，作孤獨的隔離的估量，那便犯了機械看法的錯誤。在鬥爭裡面，軍事的抗鬥可算是最直接最實際的了，但是民族解放鬥爭的軍事抗鬥要有成效，也必要和大眾連合成為一條戰線，也不是和大眾脫離著關係而能孤獨成功的。凡是違反大眾的民族意識的政府或軍隊，絕對是終於要走上自殺之路，原因也在這裡。充滿著一腦袋帝國主義野心的「黑衫宰相」好像要立刻吞下去的阿比西尼亞，所以能打到現在還不屈服的原因，也在這裡。民眾運動在民族解放鬥爭中占著非常重要的位置，學生救亡運動卻在民眾運動中占著一個很重要的部分。尤其是在民眾運動消沉的時候，學生救亡運動是大範圍的民眾運動的酵母，是大範圍的民眾運動的先驅，它的重要是在全國大眾的全盤努力裡面有著一種非常有意義的推動功用。倘若其他方面袖手旁觀，把學生救亡運動這個方面抽出來作孤獨的隔離的估量，這個態度如果是出於無意識的，那是在知識上犯著太幼稚的毛病；如果是出於有意識的，那就心術不堪問，萬死有餘辜的了！明白了這一點，凡是確以民族解放鬥爭為前提的人們，對於學生救亡運動不應該作無理性的輕視的消極批評，只有共同擎起民族解放鬥爭的大旗以血誠擁護學生救亡運動，推動全國大眾的全盤的努力奮鬥！

有些人在這樣危迫的時候，對於學生救亡運動，似乎還不能領會或不願領會上面所提出的兩個重要意義，卻「苦心孤詣」勸學生「安心向學」。做學生的當然希望能夠「安心向學」，我們當然也希望學生能夠「安心向學」。但是今天失一地，明天去一省，今天這裡「自治」，明天那裡「進犯」；「友邦」的軍隊橫行示威，「友邦」的軍用飛機軋軋頭上；漢奸得到實際的保障，愛國青年卻受著無理的摧殘！這樣實際的客觀環境怎樣能使青年「安心」？所以這不是贊成或反對「安心向學」的問題，卻是要請那些板起面孔拿這句空話塞責的名流學者大人先生們回答這個事實上的問題。

上面所談到的三點是就一般的方面研究學生救亡運動。我們對於參加這個運動的青年同胞們也有三點要貢獻：

第一點是：對象要看得清楚。我們的對象是全民族解放的積極鬥爭，並不是僅限於枝枝節節的一個局部或一件事情的問題。在北平發動的學生救亡運動提出的最注重的一點是「反對所謂自治運動」，這只是就當地實際情形提出的一個具體要求，同時卻要注意變相的奉送華北，尤不可忘卻整個民族解放的大目標。現在已經有人說「華北問題已告一段落」，甚至有人說這次運動的「目標可以說是已經達到」。別的不說，華北問題是否告一段落？我們就盡量欺騙自己，而我們的「友邦」卻很老實地把真相很坦白地公開宣布了出來。最近日軍部特派來華的重要軍官喜多就公開宣言擴充華北駐軍，公開宣言他們對於華北「實質較名為重」，自冀察政務會發表後，日軍部表示「現當注視該項新機關今後對日滿之動向，而於日滿與中國之具體提攜政策，嚴重監視其實行，一方面期待日華親善三原則決定之全部折衝」，甚至說冀察政務會「尚擬設顧問部，顧問則向日本方面聘請」（這都是煌煌然登在中外各報的公開消息）。事實的表現是塘沽被占領，殷逆汝耕擴大地盤，公然截留關鹽稅，公然布告禁止使用中央銀行鈔票；「友邦」在津公然建造大規模的軍用飛機場，經中國當局交涉後，反加緊工作。華北問題已告一段落了嗎？別人一步一步地非滅亡我們整個的民族不止，有些人卻拚命縮著頭蒙在鼓裡，歌頌昇平！我們認為學生救亡運動要看清目標是整個民族的解放，絕對不受任何欺編。

第二點是：只有有目標有策略的集團組織才有偉大的持久的力量。學生救亡運動的力量也在集團的一致的努力奮鬥，所以須有全國有系統的鞏固的學生組織。個人固然沒有力量，一個學校的力量也很薄弱，所以不但一個地方的各校須有聯絡，全國各地各校也須有聯絡，而且同時對於社會其他力量也要發生聯繫。

第三點是：要有排除萬難不怕艱苦的精神。現在環境的艱難，遠非五四時代所能比，種種障礙之易於令人卻步灰心的不可勝數，我們當準備遇著這種種的障礙，無所用其驚奇，無所用其畏縮，步步為營，設法應付，而不可被這種種障礙所克服。

學生救亡運動萬歲！這是大眾運動的急先鋒，民族解放前途的曙光！

再接再厲的學生救亡運動

這次澎湃洶湧，震動中外，由北平發動的再接再厲的學生救亡運動，它的最近的導火線雖是急迫的華北局面，但是華北的變相的淪亡是緊隨著東北四省的後面，是由於東北四省被占領而不肯用實力鬥爭所造成的慘象；依四五年來「共赴國難」的事實所顯示，侵略者步步進逼，被侵略者步步退讓，無限制的進逼遇著了無限制的退讓，華北在實際上已成了「東北第二」，全中國即將成為「華北第二」，所以這次學生救亡運動的對象是全民族的解放，所要搶救的是將亡的中華民國，而中華民國卻是全中國人的中華民國，不僅是學生的中華民國。

學生救亡運動的對象是全民族的解放，但這並不是說只是學生就可以單獨負得起這全部的使命，所以在學生救亡運動發動以後，最重要的是各方面須徹底明白共同起來救亡的急迫和重要，結成民族解放鬥爭的聯合戰線，由此擴大救亡運動，督促民族解放戰爭的實現。所謂「聯合戰線」，當然不是說人人都隨著學生做同樣的工作，民族解放戰爭根本就是多方面的工作，例如負有軍事之責的，就有發動軍事的力量來收回失地和保衛國土的工作；負有財政之責的，就有通盤籌劃來接濟軍需和後方準備的工作。現在最可駭異而悲痛的是有好些人對於學生救亡運動只作消極的破壞的批評或壓迫，好像救亡只是學生的事情，在他們是可以置身事外，或進一步想盡方法來消滅學生救亡運動，忘卻了他們自己也同樣地負有救亡的責任！有人表現著隔岸觀火的態度問道：你看學生運動的前途怎樣？好像這只是關於學生的事情！我們要大聲疾呼奉告全國的人們，學生運動的前途怎樣，便是整個民族的前途怎樣！凡是不願自己和子子孫孫做亡國奴的人們，都應該督促各界組織起來，結成「聯合戰線」，和學生運動聯繫起來，分工合作，發動民族解放的戰爭，搶救這個垂危的國家。在學生方面，除鞏固本身組織和充實本身工作外，同時也要注意和社會上其他力量發生聯繫，極力促成民族鬥爭「聯合戰線」的實現。

有些人一再發揮知識的重要，力勸學生「埋頭」到課堂去。我們以為求知識不在讀死書，不在「洋八股」，更不在養成「順民」式的教育；在民族這樣危險萬狀的時候，知識須和民族的解放鬥爭聯繫起來，在實際行動和實踐中才有真知識可以求得。華北當局已一再公然宣言要修改教科書，這便是實施奴隸教育，養成奴才。這種現象將隨著侵略者的魔手而普及各地方。我們不知道不顧現實而滿口唱著「埋頭讀書」高調的先生們對於這種事實何以自解？所以為避免奴隸教育的慘禍而求得真可「安心讀書」的環境起見，正需要發動救亡運動，不能「埋頭」不顧一切。

還有些人想出消滅學生救亡運動的妙法，那便是甚囂塵上的提前放假，使學生「埋頭分散」，讓有些人更可安然地「埋頭賣國」！我們以為在國家這樣危險的時候，青年更要聚攏來加倍努力工作，不但不應該提前放假，而且要取消放假。無論研究國事，討論策略，臨機應變，進行其他救亡運動的工作，都有保存集團的必要；而且也只有集團才有力量，分散開的個人就只有眼巴巴地望著「埋頭賣國」的肆無忌憚！

最後我們還有一點要貢獻的，便是在學生本身的組織裡面，也須注意「聯合戰線」原則的運用，由此整飭自己的陣容。一方面須以群眾的（即大多數同學的）制裁力，制裁害群之馬，消滅他們的破壞陰謀；一方面當以誠懇的態度說服大多數的已有覺悟而仍不免中立或躊躇的分子，也來積極參加，在民族解放運動的大目標下，擴大並鞏固「聯合戰線」。比較前進的有領導力量的分子，不可因褊急而於無意識中有壓迫的行為，使大多數原可加入「聯合戰線」的反而卻步，徒然為反動方面張目。在思想上儘管不無參差，而在努力於民族解放的大目標下，只須能在這一點上面有共同點，其他無須苛求，盡可根據這一個在目前階段最為重要的共同點，結成「聯合戰線」，共同努力。在已有覺悟而仍不免中立或躊躇的分子，也應當知道不加入「聯合戰線」共同努力，即無異替反動方面增加力量，也就無異於做了漢奸，做了民族的罪人。

學生救亡運動與民族解放聯合戰線

由北平發起全國響應的學生救亡運動，它在民族解放鬥爭方面的意義的重大，我們已屢次有所論述，希望能喚起全國大眾的嚴重注意。現在這個怒潮已引起了世界有力輿論的驚嘆，認為「中國民眾運動的爆發，為華北事件的一個直接答覆。在現狀下，中國學生運動是一個重要因素；這種運動的中心思想，即為聯合國內力量，和外敵奮鬥」。又說「××軍閥堅持要徹底消滅中國的反×運動，以使後者就範，然而中國人民反而愈益活躍，超過正在準備奴役中國人民者的意料」。（見塔斯社莫斯科十二月廿八日電訊所述《伊斯維斯太報》的評語。）

正因為學生救亡運動在民族解放鬥爭上有這樣重大的意義，所以我們願以滿腔熱誠和萬分敬意愛護它。自從這個運動開始以來，我們細察它的經過，覺得至少有三個優點值得我們的特別敬佩。

第一是各次運動都是在極艱難的環境中發動，但英勇堅決的行動始終不因環境的艱難而畏縮。在名存實亡的華北，處敵人威脅和仰體敵人意旨的當道的萬鈞壓力之下，竟能發動一而再的示威運動。其他各地也都是偵探密布，軍警圍困，如臨大敵，也不能阻礙英勇堅決的青年鬥爭。這種不畏艱難的鬥爭精神，實為民族解放鬥爭中每一個鬥士所必具的特性。國難嚴重四五年來，已往所見到的除偶有局部的孤軍抗戰外，只是搖尾乞憐的狗相，匍匐磕頭的奴相！青年在救亡運動中所表現的卻是英勇抗爭的鬥士的精神，不畏艱難勇往直前的鬥士的精神！

第二是在各次運動進行中的耐苦的精神英勇的發動之後，還能繼續以耐苦的堅持，飢餓，風雪，失眠，以及種種的阻礙困苦，都不能阻礙青年鬥士的苦鬥精神。

第三是組織能力的進步。例如我們看了北平學聯會最近舉行的慰勞受傷同學大會的情形，布置的周密，「血淋淋鐵的事實」的表彰，對於如何「決定今後動向，制定工作綱領，集中指揮力量」的議定，都能有條不紊，切實規劃，沒有不深切地感到青年鬥士們於自動奮鬥的精神中顯出很堅強的組織能力。此外如上海、杭州、武昌等處，也有同樣的表現。

我們指出這三個優點，一方面表示無限的佩慰，一方面並誠懇地希望學生救亡運動的鬥士們能保持所有的優點，繼續努力「聯合國內力量」，為民族解放鬥爭作更偉大更持久的貢獻。

除上面所說的三個優點外，還有兩個缺憾，也可以指出：一是有些地方，組織還未能健全，尤其是患著不能統一的毛病，例如有些學校有救國會和自治會的對立，其實在救亡的大目標下，學生組織的本身，必須先造成「聯合戰線」，才有充實的鬥爭力量。倘若彼此的大目標相同，便應合併；倘有似是而非的組織，便應說服群眾，用群眾的力量來克服它。其次是工作的推廣。一方面鞏固內部組織，一方面關於宣傳和推動的工作，應注意範圍的擴大，和社會上各種救國力量有更密切的聯繫。

關於第二個缺憾的克服，在青年鬥士們固有努力的責任，而同時卻和一個地方乃至全國的整個「聯合戰線」都有關係，也就是社會各方面都負有責任，所以又要談到民族解放鬥爭的整個聯合戰線。

國勢的危險迫切到了現在的地步，鐵一般的事實擺在我們的面前，可以無須我們多說的了。現在的問題是怎樣搶救這垂危的國家？是可用無限制的屈服來搶救呢，還是應全國大眾在民族解放的大目標下團結起來鬥爭？倘若前者是對的，那末我們所需要的是「聯合降線」；倘若後者是對的，那末我們所需要的是「聯合戰線」。我們是主張後者的，所以我們認為應用全力贊助學生救亡運動，促成民族解放的聯合戰線。全國學生在民族解放鬥爭的大目標下，結成學生的聯合戰線；全國人民也在民族解放鬥爭的大目標下，響應學生救亡運動而結成全國救亡的聯合戰線。必須有這樣整個的鬥爭力量，向著這個明確的大目標攜手邁進，才能拯救這個危亡的國家，才能自拔於奴隸的慘禍。我們尤其要認識清楚的，我們要的是「聯合戰線」，不是「聯合降線」！

宣傳中的中日會議

最近關於國事方面最重要的消息，要算紛紛宣傳將要舉行的中日會議。我們認為這是全國民眾所要嚴密注意的一件異常嚴重的事情。

據中央社上月三十日的南京電訊，說「中日關係自九一八事變以來，迄今已逾四年，每每越出常軌……究其原因，不外每遇一事輒為一時之應付，未能謀根本之解決，殊非兩國之福，現在空氣漸形好轉，中央擬趁此時機，對中日關係，經由外交途徑，設法調整，俾兩國邦交得以改善，而納入正軌。現雙方正作初步意見之交換，原則上似已同意，至於具體問題，尚未談及。」該社四日南京電訊，說「對於整個調整中日關係，中日雙方原則上已表同意」。這是從中國公開的新聞方面僅能知道的一些消息。

日本報方面，說須由「華方提出以日方三原則為基礎的具體方案」。所謂「三原則」，本刊屢有剴切的分析和評論（參看第三期和第四期的「星期評論」），其內容的實現無疑地要把中國淪為奴隸的國家。所謂「中日雙方原則上已表同意」的「原則」，如果就是這三個使中國加速淪亡的「三原則」，那是全國民眾所要奮起堅決反對的。這件事既有關係於全中國的存亡問題，全中國民眾有要求政府公布的權利。倘若這樣重要的外交原則而不公開，民眾對這樣的不公開而可以默然無言，那民眾近來在如火如荼的救亡運動中所積極要求的什麼公開的外交，革命的外交，都等於廢話了！

其實在「無限制的退讓」的局面下，要想能在這樣的會議中從民族利益的立場說話，根本是不可能的。說「現在空氣漸形好轉」嗎？這真不知從何說起！東北的偽組織不夠，加上冀東的偽組織；冀東的偽組織不夠，最近察東六縣又全部陷落了。據華北傀儡戲的策動者土肥原最近對《紐約時報》記者的談話，老實宣言要「使冀察『自治』區逐漸擴大至於鄰境之山西、陝西、山東各省，此舉成功完善設立後，然後推行之於全中國，使全中國皆成為在一有利於日方的統治之下」。這是怎樣顯明的話！這是怎樣對全世界毫無顧忌地宣言！我們還能自欺自慰地說「現在空氣漸形好轉」了嗎？

在對方繼續不斷地進攻中，造成他們所謂「既成事實」，我們能在「樽俎之間」推翻他們有一貫政策所造成的「既成事實」嗎？還是他們可藉著這個會議不但得到對於「既成事實」的正式追認，而且更根據「三原則」來「使全中國皆成為在一有利於日方的統治之下」？這是全中國人民的生死問題，不能漠視，不能絲毫放鬆的！

美國學聯會擁護中阿禦侮

美國學生聯合會最近通過一件很有意義的議決案，內容是對將來任何戰爭，概不援助，唯同時籲請全國學生一致擁護中國和阿比西尼亞抵抗外侮。

阿比西尼亞誠然有資格受美國學生聯合會擁護他們抵抗外侮，因為他們的的確確是在那裡抵抗外侮，的的確確是在那裡為著民族解放而百折不回地英勇鬥爭著。講到中國，那只有千萬分的慚愧，因為我們雖然也有很緊急的外侮，我們的民族也是在受著極危險的壓迫，但是我們不但不抵抗，反在無限制的退讓，對著他們這個議決案的盛情厚意，只有感覺到汗顏無地！

不過有一點卻值得我們的特別注意，那就是自從蘇聯革命成功和世界經濟恐慌發生以後，一方面被壓迫民族的解放鬥爭瀰漫世界，一方面各國大眾對於少數特權階級剝削蹂躪殖民地的暴行的罪惡，覺悟的也天天加多。這是因為被壓迫民族因事實的顯示，知道能鬥爭自救的民族必有抬頭的可能，資本主義國家本身的矛盾到了現在實在是日益尖銳化，並不像極盛時代的鞏固了；而各帝國主義內的大眾，因經濟恐慌尖銳化後，少數特權階級的剝削也隨著尖銳化，對於殖民地的威脅掠奪也隨著加緊起來，為的都是這少數特權階級的利益，和他們大眾不但不相干，而且反而是少數人藉以延展他們自己的統治權，也就是間接延展他們對於國內大眾的壓迫。由於這新時代所給與的覺悟，各國大眾一方面反戰的情緒非常的高漲（這是指侵略者和帝國主義間掠奪的戰爭），一方面對於能鬥爭自救的被壓迫民族表示無限的同情。英法對於阿國祕密分贓的方案所以引起強烈的反對而不得不表現著「抱頭鼠竄」的悲喜劇，重要的原因也是由於這個新時代的形勢所促成。最近美國學生聯合會的議決案，也是這種形勢的另一表現。這種表現應該能增加被壓迫民族對於努力鬥爭自救的勇氣吧。

埃及學生示威怒潮復發

關於埃及學生所領導的民族解放運動，本刊已有過評述（見本集《埃及的民族解放運動》）。去年十一月中旬，埃及大學生因英前首相霍爾演說不許埃及完全獨立，掀起示威抗英的大波瀾，認為「捨奮鬥外別無他道」。十一月下旬，埃及首都開羅發生總罷工，獨立運動擴大，雖埃及政府用種種方法壓迫學生愛國運動，但這既不是什麼「學潮」，卻是埃及民族解放運動的一個特動隊，所以是隨時隨處壓迫著，也隨時隨地再爆發起來。最近因英國新外相艾登表示不願即商埃及的獨立問題，又引起埃及學生為著獨立運動的鬥爭。在這鬥爭中，我們可以看出值得注意的三點：

第一點是埃及的奈辛內閣對於學生愛國運動的壓迫，當學生愛國怒潮勃發時，奈辛內閣即誠惶誠恐地害怕「學生行動將大不利於埃及與某大國之友交」，迫令學生「應即返校讀書」，派遣軍警如臨大敵，竟令軍警開槍轟擊示威的學生，同時由教育部長授權各校長，有學生參加「軌外行動」，或鼓勵其他學生參與，准予開除學籍。他們意想不到不願做亡國奴的人們死且不怕，「學籍」如何更不消說了。不過埃及政府竟恬然不知羞恥地用埃及人來壓迫殘殺埃及人，替「某大國」做工具，這當然是一件極可痛心的事情。但奈辛內閣原是「某大國」的代言人和代理人，這卻也是當然的傾向。

第二點是和奈辛內閣對立的埃及國民黨，和力謀埃及獨立的學生運動原站在一條戰線上，現因恢復了憲法，得到他們爭奪政權的機會，便和繼續奮鬥的學生分手了。他們原來的動機就不在埃及民族大眾的解放，只要少數上層分子獲得一些「餘瀝」，民族利益還是可以出賣的。

第三點是埃及學生所領導的運動目標卻在整個民族的解放，所以不是奈辛內閣的壓迫和那哈斯牽線的埃及國民黨的欺騙所能搖動分毫的；他們是在朝著大目標繼續邁進的。

光榮而慘痛的紀念

「一二八」的英勇抗戰，為民族解放而奮起奔赴的英勇抗戰，轉瞬間已到四週年的紀念了：這一個英勇的抗戰，是中華民族解放鬥爭史上最光榮的一頁，是全國大眾所永遠不能忘的一個光榮的紀念日！

這個光榮的紀念日至少表示：

（一）中國確有抗敵的能力，用鐵一般的事實證明中國確有抗敵的能力。在戰事爆發的前夕，敵方公開宣言只須四小時，可以消滅中國的抗敵軍隊；就是在中國方面的重要官吏某某也在個人談話裡預料中國的抗敵軍隊只須四天就要被敵軍完全消滅；甚至負軍事責任的某某也在個人談話裡預料中國抗敵軍隊至多不過十天，必然地要被敵軍完全消滅。但是這一次的抗敵血戰繼續三十四天，以一隅的孤軍抗戰，敵方用全國力量積極派援三易統帥的海陸空軍，抗戰至三十四天而還未「完全消滅」！這在全國即將淪入奴籍的今日，漢奸和準漢奸們想出種種亡國理論投降理論以麻醉大眾的今日，尤有深刻的意義。

（二）民眾力量的偉大。當時奮勇作戰的十九路軍，在人數軍備和給養上都沒有怎樣充分的準備，但是因為和民眾的力量打成一片，便和尋常軍隊的力量大不同了。當時民眾毀家紓難熱烈相助的情形，歷歷猶在目前。捐款的踴躍，可謂空前盛況。大眾生活社同人親見一般大眾臨門繳款，有十幾歲的拾垃圾的孩童，有五六十歲的賣菜老太婆；角子和銅元齊集，鈔票和洋錙紛飛；捐款擁擠，爭先恐後。各界運輸軍用食物，盡瘁前線後方，用盡種種方法定製鋼鐵軍帽，補充軍器軍需，各校女生整夜趕製兵士棉馬甲。在閘北戰區破家蕩產，甚至骨肉喪亡或離散，自身僅以身免的人們，相見痛哭。但於嗚咽中還說為國犧牲，雖死無憾！以這樣共患難同生死的民眾，和確能為國抗戰的軍隊結成聯合戰線，它的力量的偉大是當然的。這一點在輕視民眾在民族鬥爭方面的力量的今日（當然，在另一方面，也有人怕民眾力量的抬頭，不過這卻是另有動機的），也是很值得鄭重提出的。

（三）全世界對中華民族的新認識，也可以說中國的國際地位受到很重要的影響。關於這一點，海外的僑胞和我們曾經到各國視察研究的人感覺得最真切。據南洋的僑胞所談，荷屬爪哇在「九一八」後，有十幾個中國青年因積極推動抵貨運動被拘，不經審判，任意被送到牢獄裡去，屢次交涉無效，後來一到「一二八」打了幾天勝仗以後，荷當局自動提出審問，除有兩人因有證據被判出境外，其餘都被釋放。又據巴黎的中國朋友談起，當「九一八」醜劇傳播到海外的時候，中國人簡直不好意思在街上走，只得躲在家裡燒飯吃，到了「一二八」抗戰的義聲遠播後，他們才又堂而皇之地出來。又據美國紐約的中國朋友談起，當「一二八」的抗戰消息傳到後，哥倫比亞大學裡的各國學生都紛紛和中國學生握手致敬。不但各國的中國朋友和僑胞都有無數的這類故事，眉飛色舞異常興奮地告訴我們，就是外國朋友談到中國必然地可以復興，都必然地要提到這一件事。英國作家柯爾（G. D. H. Cole）在他的新著《政治制度》一書裡，把中國說得怪難為情，但是也把十九路軍的抗戰作為中國大眾能夠抗敵自救的一個佐證。

但是我們一方面覺得「一二八」是光榮的紀念，一方面也深深地感到這是很慘痛的紀念。因為當時是孤軍抗戰，而未擴大到全民族為解放而奮起的聯合戰線，以致未曾得到所預期的結果。現在中國的形勢比「一二八」的時候是「每況愈下」了，一大塊一大塊的土地都是任人牽著鼻子去表演奴隸式的「自治」的割據。對方導演人公開宣言要把這奴隸式的「自治」擴充到全中國，漢奸不但個個逍遙法外，而且飛黃騰達，彈冠相慶。最近且有石友三要做北平保安司令，殷汝耕要做天津市長的傳說，真使人感到不知人間何世！我們在現狀之下追想到「一二八」為民族解放鬥爭而悲壯犧牲的鬥士民眾，應該要感到無限的慘痛，應該要更興奮地更熱烈地擔負起後死者的責任！

內蒙又鬧著「自治」了！

關於內蒙德王宣布「獨立」的消息，最初由美聯社於一月十八日傳出，據說蒙政委員會祕書長德王已在內蒙古東部宣布「自治」，成立「自治政府」，設首都於張北，已掛起紅黃藍白四色的新國旗；並說德王曾到長春數次，每次都由日軍領袖派飛機迎接。路透社同日北平電訊，說「據可恃方面的消息，德王已署發通電，宣布脫離中央而獨立，此間檢查綦嚴，此電詳文，無從覓得」；並說「尚有一消息，則謂德王受日方之壓迫而發此通電」。十九日路透社北平電訊，說內蒙局勢曖昧不明；中國各報所載消息，說「官方未接到獨立通電，故不悉其詳，宋哲元氏對此事亦無電報來京，究竟情勢如何，無從臆測」。直至記者寫這篇評論的時候，還未見有什麼新的消息。但是這件事的嚴重，無論「檢查」怎樣「綦嚴」，我們只須稍稍注意當前的全中國在屈伏中被不斷宰割的形勢，已可無疑地斷定內蒙又是必然地被宰割的又一大塊中國的國土了。

「友邦」必須用斷然手段征服全中國後，才敢進攻蘇聯，這是他們一貫的政策，絕對沒有通融的餘地的。從這個觀點看去，內蒙在他們的軍事策略裡面是非拿不可的：因為一方面可以作為一個異常重要的新炮壘，南制綏遠、山西，以及寧夏、甘肅、新疆，都在「囊括」之中；一方面可以作為包圍進攻蘇聯的重要根據地。

這樣看來，內蒙問題和所謂華北問題，同樣地和整個中國的救亡問題有著不可分的關係。對於這個問題的放鬆，也就是對於整個中國救亡問題的放鬆；整個中國救亡不從根本上下決心幹去，內蒙問題也是無法單獨得到圓滿的解決。從中國民族敵人的方面說，內蒙也不是局部的問題，也是和征服全中國的整個問題分不開的。所以真消息雖然「檢查綦嚴」，使國人蒙在鼓裡，但從客觀的形勢方面分析，便知道這絕不是局勢的和緩。

內蒙被宰割的事實，又蒙上「獨立」、「自治」等等的好聽名詞。真正的民族獨立或自治，必須在經濟上不受別國的剝削榨取，政治上文化上不受別國為著剝削榨取而干涉的侵略。以剝削榨取殖民地為中心政策的帝國主義國家，出來高唱所掠奪的殖民地的「獨立」、「自治」，這是什麼把戲，還用得著詳細的分析而後才能明白嗎？

內蒙的被宰割是整個中國被征服的一個重要的「前奏」；我們是否可以坐視靜聽這個「前奏」的進行而等候著整個中國的隨著淪亡？這是全中國大眾所要嚴重考慮的一個問題！

北平學聯會的繼續努力

北平學生於萬分艱危的環境中發動學生救亡運動，風聲所播，震動寰宇，全國學生紛紛響應，使漢奸寒膽，民眾感奮，已以英勇的犧牲和沸騰的熱血，寫成中華民族解放史上最光榮的一頁！在非常時的寒假中，平津學生擴大民間宣傳，雖遭民族敵人的走狗們多方壓迫，仍努力苦幹，不畏艱辛，這是很值得我們欽敬的。

最近消息，北平學聯會議決組織全國學生聯合會.，並於各校開學時，一律到校上課！有的報上宣傳北平學生復課了，好像他們已俯首帖耳回到課堂裡去讀死書，把救亡的任務置之腦後，聽任「埋頭賣國」的漢奸們可以毫無顧忌地盡量地「賣」！其實依我們所得到的真確消息，全不是這回事。關於全國學生聯合會的組織，是努力使全國學生結成有組織的聯合戰線，這是我們早所主張的，學生諸君能注意到這點，這是對於救亡工作仍在繼續努力的明證。至於寒假後一律到校上課，這原是寒假後的向例，無所謂復課；而且散漫的個人沒有力量，只有集體的行動才有力量，寒假後的重新集聚，正是可以用集體的力量，要求實行國難教育方案（和讀死書絕對不同），同時計劃規定救亡工作的繼續進行。「埋頭賣國」的漢奸們，不要太樂觀了！

北平文化界救國會的奮起

北平文化界為響應上海文化界救國會，發起組織北平文化界救國會，已於十二月二十七日正式成立。參加的有北平文化界教育界新聞界一百五十餘人，選出白鵬飛，陳豹隱，張申府，崔敬伯，馬敘倫諸先生等三十一人為幹事。當此國難一天逼迫一天的艱危時期，我們無時不在希望愛國救亡運動的擴大，所以我們願以無限熱誠，歡迎北平文化界救國會的產生，同時對於努力於北平文化界救國會工作的諸先生，敬致民族解放的最誠摯的敬禮。

北平文化界救國會的宣言，除表示完全贊同上海文化界救國會兩次宣言所提出的一切主張外（見本刊第六期和第九期），還有許多重要的話語，例如「如今是敵人貪慾無饜得寸進尺的時候……豈但華北垂亡，整個的民族都快要淪為奴隸了……我們還能等待麼？我們還能遲疑嗎？」又如「我們應寧為自由而死，不為奴隸而生。」都是全國民眾所不能忘的血淚語。

我們對於北平文化界救國會的希望：（一）鞏固核心的組織，為領導救國工作的中樞；（二）布置全國重要地點的通訊網，和各地的文化界有密切的聯繫；（三）輔助學生救國運動，並協助其他愛國團體的組織和工作。

埃及學生的榮譽色

我們知道在動物學的名詞裡有所謂「保護色」，是指動物的體色和所處地的物色相同，藉以掩蔽敵目，保護自己的身體。現在我們大可創造一個新名詞，叫做「榮譽色」，拿來送給努力獨立運動的埃及學生。

據哈瓦斯開羅電訊所傳，最近擴大反英示威的埃及學生又和警察衝突，警察竟異想天開，用一種不可洗刷的有色墨水，裝進抽水機裡，用皮帶管向學生灌射，並每天更換顏色，使示威者身體上長留著痕跡，一望而知道他們曾於某日參加示威行動，以便日後調查，而無所逃於法網之外，這和中國壓迫學生救國運動的大刀水龍可以媲美，比殘殺愛國學生的「市民救國鋤奸團」雖還望塵莫及，但用盡巧思來壓迫救國運動卻是殊途同歸！其實為民族解放鬥爭而犧牲小我，實莫大的光榮，這種「光榮色」異常可貴，大有「長留著」的價值！

不過另有一點卻也值得注意：軍警壓迫努力愛國運動的學生，無非被「亂命」所利用；學生救亡運動在宣傳方面也要「用盡巧思」來把他們說服過來，使他們也加入救國戰線，至少要「用盡巧思」使他們中立，不再助桀為惡。

杜義憂國自殺

不久以前，在南京有軍官續範亭因憤慨國事而剖腹自殺的慘劇，後因急救得免於死。最近在南京又發生監察院委員杜義憂國投湖自殺的慘劇。杜義為河北省人，現年五十歲，清末入保定陸軍學校，早年即加入同盟會，奔走革命。在東三省時曾以從事祕密運動，被捕入獄。後得釋，奔走西北而認識於右任。生前極以國步艱危為痛，於本月八日深夜投身玄武湖自殺。留有遺詩和自輓詞給於右任。

杜氏為河北人，河北是隨著東北在實際上已淪亡的華北的一省，在他當然受到很大的刺激。為憂國而死，他的熱誠雖可引起我們的同情，但是消極的自盡，不但於危亡的國家無益，而且在民族解放鬥爭運動日益尖銳化的時候，正需要不怕死的鬥士來參加集體的鬥爭，這樣消極的自盡，在國家方面反而是很大的損失。把熱誠用到誤國的方面去，這方法的不對，犧牲的不值得，是很顯然的。

為民族英勇鬥爭的鬥士誠然不怕死，但要在鬥爭中不怕死；志在殺敵，絕不自殺。

敘利亞的民族解放運動

敘利亞是阿剌伯民族的被壓迫的國家之一，在土耳其的南面，在世界大戰前原為土耳其帝國的一部分，到了戰後一九二〇年才由戰勝國列強劃為委任統治地，歸法國代管，其實就成了法國的殖民地。但是敘利亞的民族解放運動也就一天一天地尖銳化起來，最近更顯露了。二月八日哈瓦斯貝魯特城（敘利亞京城）電訊，該處發生民眾示威運動，軍警武力干涉，大學已被當局勒令無期停課。十日國民社耶路撒冷電訊，說「經過三星期沸騰的糾紛流血總罷工等等，現仍有加無已，全敘利亞的反法風潮日趨險惡」。十一日路透社巴黎電訊，敘利亞反法風潮猛烈，示威者死去五人，市場閉門停業。國民社十五日耶路撒冷電訊，說敘利亞糾紛仍在嚴重時期，達馬色各街巷和屋頂都密排機關槍，凡四人以上不得結隊遊行，革命運動的重要人物為避免法當局拘捕起見，已開始暫避，同時聲稱將組織便衣隊，從事內戰。帝國主義的通訊網對於弱小民族解放運動的消息諱莫如深，往往把很嚴重的形勢，很激昂的鬥爭，說得平淡無奇，但即就這些零星片段的新聞看來，敘利亞民族解放運動的激進，可以概見了。

我們對於這個運動的展開，至少有三點可以特加注意：

（一）世界上被壓迫民族的覺醒，和全世界被壓迫民族解放運動的前僕後繼，如火燎原，如長江大河的奔放，終於不能壓制消滅，這是鐵一般的事實，這是全世界的一致趨勢，也是這時代的特徵。

（二）學生救亡運動，在殖民地或半殖民地的民眾運動裡占著很重要的位置，我們以前談起埃及學生對於獨立運動的努力，已注意到這一點。這絕不是輕視學生救亡運動的人們所能了解，所願了解，但是敘利亞大學生在民族解放運動中的努力，又多給我們一個事實的證明。

（三）我們看到各被壓迫民族的奮起自救，看到這全世界的一致的趨勢，想到這當前時代的特徵，便知道中國民族的抗敵救亡，中國民族的解放運動，不是孤立的，只是全世界大勢裡的一環。我們果能奮起自救，不但必然地可以得到最後的勝利，而且還能對全世界正在力爭解放的被壓迫民族給以莫大的聲援。反過來說，被侵略的民族只是投降屈伏，不但是本民族的罪人，也是全世界被壓迫民族的罪人！

我們只要看敘利亞的民族解放運動，已使「英國亦感非常憂慮」，據說「因此種土人民族運動，巴雷斯泰恩和特藍斯佐對尼亞等地阿剌伯人對之十分表示同情」，便知道那影響的力量了。

我們對於敘利亞民族解放運動裡慷慨授命的烈士，和仍在英勇抗爭的鬥士們，敬表無限的同情和至誠的敬禮！

國際聞名的黃柳霜

在美國獻身銀幕的中國女明星黃柳霜女士最近從美國初次回到祖國。美國的影片風行全世界，因此好萊塢的明星是全世界的電影觀眾所瞻仰的。中國得到一個國際聞名的電影界藝人，原是一件很可欣幸的事情，對她這次回到祖國來，原應表示歡迎的。但是莫大的憾事是黃女士所演的影片，卻是接二連三的侮辱中國的影片，所以她在海外時，中國人對她就沒有好感，甚至引起痛恨的情緒。有人說她因為生長國外，對於祖國的情形隔膜，似乎情有可原，但是影片中侮辱中國的意味，是有常識的任何人所能感覺到的，這理由也不充分。例如在她所參加的《上海快車》一片裡，侮辱中國的情形令人髮指，說她因未回過祖國便不知道是侮辱，是很難令人相信的。歐美各國的一般人民對於中國，因帝國主義對於被壓迫民族的侮辱宣傳，對中國民族的印象已很不好，現在有了中國產的明星加入渲染，他們更可認為是鐵證，這是個人對於毀壞自己民族的難以寬恕的罪過。黃女士這次回國，民眾方面對她很淡漠，應該可使黃女士得到一個教訓，翻然覺悟。我們很誠懇地希望她以後能以國際聞名的藝人地位，替中華民族在國際藝術界上獲得相當的光榮，第二次回到祖國時，值得我們的熱烈的歡迎。

我們看到黃女士雖得到國際聞名的明星地位，而對於她的民族——至少在以前——不但沒有什麼好處，而且只留著令人慨嘆的遺蹟。我們不禁想到也有中國的學者在國際學術界上很知名的，不利用他在國際上所獲得的聲譽，替正在努力爭取解放中的中國民族說些有力量的主持正義的話，卻發表些滅自己的志氣長他人的威風的議論，獻媚帝國主義，取悅軍閥官僚，這在民族方面是多麼大的一個損失！是多麼可以痛惜的一件事情！

漫筆

侮辱

在法國的時候，聽見一位朋友談起有一個法國學生和中國學生相罵的事情，很使人覺得好笑。這個中國學生是在巴黎某大學讀書，和一個法國同學本來是好朋友，不知有一天怎的彼此吵起嘴來，吵得很厲害，為著什麼大不了的事，已記不清楚，可是這兩個朋友都鬧得面紅耳赤，現著「悲憤填膺」的氣概。這個中國學生恨極了的剎那間，把法國話都氣得忘記了，脫口而出地罵了一句中國話，很切齒痛恨地罵著說：「操你娘的B！」這個法國朋友平日也喜歡學幾句中國話，但是聽到這句「典型的話語」，睜著眼發怔，莫名其妙，不過覺得他的這個中國朋友的聲音的嚴厲和臉孔上的那副表情，知道意思不妙，心裡絲毫不疑地斷定這一定是一句極端侮辱的話。他把這句話緊緊地牢記著，去問另一個中國學生，問他這句話到底是什麼意思。被他問著的這個中國學生當然一五一十地解釋給他聽。所可怪的是他聽了之後，和他正在聽著前面一個中國朋友說出這句話而莫名其妙的時候，在憤怒的情緒上竟大兩樣，不但不生氣，而且很淡然地說：「這卻奇怪了！我娘的事和我有什麼相干？只要她自己願意，××盡可自由，為什麼要對我說！」很顯然地，這個法國青年最初認為莫大的侮辱，後來聽清楚那句話的意義，反而覺得算不了一回事！他完全不了解那句話在我們中國人所感覺到的嚴重性。據說法國人聽見你罵他欺騙，懶惰，反而要火冒得多！這也可見他們個人主義發展到了怎樣的程度。欺騙，懶惰等等的惡名詞，是侮辱到他個人的身上。A也好，B也好，在他看來，和他個人是不相干的。孟老夫子說「羞惡之心，人皆有之」，細想起來，也不盡然。有的人覺得大可「羞惡」的事情，在有些人並不一定有同樣的感覺。

杜重遠先生曾偶然談起以前在東北某鐵路的火車上看見一個官兒坐車硬不肯買票，查票的硬要他買，他很氣憤地從衣袋裡拿出有官銜的名片！這位官兒，你也不能說他一定就沒有了「羞惡之心」，他知道「氣憤」，也許就是「羞惡之心」的表現，但是你莫奈他何的是他硬認官兒以不買票坐車為「光榮」，做了官兒坐車還要買票是莫大的侮辱。

推而廣之，就是所謂道德觀念，也要看你所屬的是什麼群。你所屬的群裡所謂道德的，在別一群裡不見得也是道德，甚而至於是不道德。擺著「道學先生」面孔的人們，固然是靠不住，就是自認為確是有道德的好人，我們也要對他的所謂「道德」仔細分析一下才好。

走狗

「走狗」這個名稱，大家想來都是耳熟的。說起「走」這件事，並不是狗獨有，豬玀會走，自稱「萬物之靈」的人也會走，何以獨有「走狗」特別以「走」聞名於世？飛禽走獸，飛是禽的本能，走是獸的本能，這原是很尋常的事實，並不含有褒貶的意味。但是「走狗」的徽號，卻沒有人肯承認——雖則這個人的行為的的確確地是在表示著他是一位道地十足的走狗。換句話說，被人稱為走狗，大概沒有不認為是一件大不名譽的事情。你倘若很冒昧地對你的朋友當面說「老兄是個走狗」，無疑地是得不到什麼愉快的反應的。這又是什麼道理呢？

玩狗是西洋女子的一件很普遍的消遣的事情——這些女子當然是屬於有閒階級的。中國的「闊」女子中也有很少數的染著這樣的「洋氣」。聽說中國某著名外交官的太太便極愛養狗，養了十幾隻小哈巴狗，她的丈夫貴為公使，有時和她出門帶著祕書，一等祕書二等祕書三等祕書等等要很小心謹慎地替她抱狗，恭恭敬敬地侍候著。但這在中國，究竟寥寥可數，所以我們未曾做過著名外交家的嬌貴太太的隨從者，對於玩著狗的遊戲，究竟不易得到「賞鑑」的機會。依記者「萍蹤」所到，在英國看見太太小姐們拖著狗在公園裡或小山上從容閒步的很多。我在倫敦有一次住宅的附近有一個很廣大的草原（Hampstead Heath），遇著星期日，在這裡遊行的男女老幼非常的多，你在這裡可以看見許多婦女手裡拖著一隻小狗。有許多把拉狗的皮帶解下，讓狗自由地隨著。在這種地方，我才無意中仔細看出狗的特色。你可常看到這種隨著的小狗，牠的主人可隨便地帶著牠玩，無不如意。牠的主人把一隻皮球往前遠拋，牠就會淋漓地往前跑，拚命把那個皮球抓著銜回來給牠的主人；牠的主人再拋，牠再跑，再拚命抓著球銜回來。有的沒有帶著皮球，只要拾著一根樹枝，也可以這樣拋著玩。這大草原上有池塘，有的狗主人領著狗走近池邊，把一根樹枝拋在池裡遠處，喚著狗去銜回來，這狗也興會淋漓地往小池裡鑽，拚命游泳過去，很吃力地把那根樹枝銜回來，主人顧盼著取樂。至於這主人是怎樣的人，平日幹的什麼事，叫牠幹的是什麼事，有什麼意義，有什麼效果，在這疲於奔命的走狗，並沒有什麼分別，只要你豢養牠，牠就對你「唯命是聽」。自號「萬物之靈」的人類裡面的走狗，最大的特色，無疑地也是這個和狗「比美」的美德。其實「衣冠禽獸」的人類中的「走狗」較真的走狗，還要勝一籌的，是真的走狗，除非是瘋狗，至多供人玩玩，有的在鄉村裡還能擔負守夜的責任，「衣冠禽獸」中的「走狗」卻要幫著豢養他（或牠）的主子無惡不作，越「忠實」越「興會淋漓」就越糟糕！在這種地方也可以說是人不如狗，不要再吹著什麼「萬物之靈」了。

最留戀的一個地方

我離開英國的時候，除了幾個很知己的英國朋友外，最使我留戀不捨的，要算是英國博物院（British Museum）裡的圖書館（他們稱為Reading Room）。這個圖書館有了百年的歷史，在倫敦的大拉索街（Great Russell Street），藏書在五百萬卷以上，據說書架的長度如果排直起來可達五英里。馬克思和列寧在倫敦時，都曾用著大部分時間在這裡面研究。我最喜歡的是這圖書館裡閱讀室的建築和布置，以及取書方法的便利。

圖書室是個大圓形的很大的廳，上面罩著一個高二三百尺的玻璃圓頂（Circular domed）。這樣寬敞的大廳，空氣的好是不消說的，尤其好的是萬籟俱寂，好像置身在靜寂毫無聲響的深山裡面；原來這大廳裡雖有著五百餘個座位，地板和桌面都是用膠皮（好像橡皮）造的，所以一點沒有聲音。一排一排的長桌子，桌的當中有皮革造成的很厚的好像矮壁的東西隔開，所以坐在桌子兩邊相對著的讀者，彼此不看見，也聽不見什麼聲音。這設置在桌的中間的革製的矮壁上面，還裝設有靠書用的架子，做得很巧妙，用時拉出來，可把所看的書靠在這上面，以便抄錄，不用時往壁上一推，又可省卻桌上的地位，坐的椅子也非常舒服，椅的四根腳的末端都裝有銅製的小輪，在膠皮的地板上移動時，輕便得很，毫不用力。桌上裝有檯燈，有綠色燈罩，需要時可隨手扭轉開用。五百餘人同時坐著看書，那靜寂的空氣，就好像你只是一個人在那裡看書。

取書又非常便利。書的目錄是依著著者姓名的字母分類的，在這姓名下面，最初是其他著作家所著關於這個著者的學說的書目，再下去便是這個著者自己所著的書目，所以你要研究任何一個名家的學說，都可有系統地尋著關於這家學說的書看。例如你要研究馬克思主義嗎？你在書目的簿子上翻到馬克思的一欄，所有關於他的學說的書都在內，你便可按部就班地看去。常常可以由一家的學說引導你去看相關的其他名家的著作。由此引起你的更廣的研究興趣。例如看了馬克思主義的全部書籍，引你去看恩格斯和列寧的全部書籍，乃至引你去看和他們相反的書籍以作參證。你選定了一本書，就所取的一張印好的小表格上填好書名，著者名，出版的年月日，藏書的號碼，你自己的姓名和座位的號數，放在辦事員的櫃檯上的小藤籃裡，便有職員把這書送到你的桌上來。你再寫一張，他照送一本來。你只要坐在位置上等著看，一點不麻煩。每天看完後，把所取的書繳入，取回以前填的小表格便完了手續。倘有的書還未看完，第二天要續借，可另夾小紙條在書裡，上面寫明你的姓名，第二天到圖書館，可以立刻把各書送到你所用的桌上，更為迅速。

有著這樣的設備適當，藏書豐富，書目有系統，取書又便利的公開圖書館，才容易鼓勵並幫助人們研究學問。我有時感覺到身體不舒服，或煩躁，一到那裡很靜寂地看了幾點鐘的書，身心都感覺得舒適起來，心緒也平和起來了；真覺得「有意想不到之效力」！所以這是我離倫敦時最留戀不捨的一個地方。而且我還常想我們應該有一天，能大規模地設備這樣的圖書館，公諸大眾，使大眾都能得到機會自由自在地研究自己所喜歡研究的學問。

家醜

中國有句老話，叫做「家醜不可外揚」，我覺得在國外旅行的時候，常不免懷著這樣的心情。但是最惱人的是你怕著家醜外揚，隨時隨地都要叫你感覺到家醜正被大揚而特揚著。最明顯的是每遇著你看報的時候，沒有關於中國的新聞則已，一有著登載了一些關於中國的新聞，不是我國所「敦睦」的「友邦」的一個上校公然宣言把中國政府說得卑鄙齷齪，一塌糊塗，便是什麼地方又被「宣傳」著「王道」，使人更明白中國是一個無所謂主權的掉盡了臉的國家。我們在國內看著這種新聞——也許在本國報上還沒有「眼福」看得到——已是憤懣，在國外看到，覺得「家醜外揚」，更要使你氣得七竅生煙！尤難過的是在「國難」一天糟一天，每遇著緊張的「掉臉」的消息，外國朋友偏要向你問這樣，問那樣，使你覺得沒有地洞可鑽！在倫敦時候，有位中國朋友告訴我，他有一夜乘道地車回家，在坐滿著乘客的車子裡，各人都正在展報閱覽，在各報上的標題赫然印著中國綏遠正受著我們的「友邦」積極派兵宣傳「王道」，內容是詳述中國正在恭恭敬敬地「開門揖盜」，極力在「親善」上做工夫。有許多人看著報，溜著眼望望這位中國朋友，他一路如坐針氈，簡直不敢正眼看人！這也是「家醜外揚」使人難堪的一個例子。

我旅行到蘇聯南方的時候，有一次參觀一個休養院（他們叫做 Rest Home，這在蘇聯名勝區域很多，是專備工作者假期中休養的地方），裡面有一個正在休養的女工問一位同遊的美國準死硬派某甲：「你們美國對工人也有這樣的優待嗎？」他竟欺騙著說有！可是同時有幾位同遊的前進的美國青年卻提出抗議，當場說他撒謊！他輕聲用英語打著招呼說道：「你們不要疏忽，使她（指那工人）對美國得著不好的印象啊。」在這準死硬派覺得是不可「外揚」的「家醜」，而那些前進的美國青年卻不一樣，這是因為後者認為資本主義制度的罪惡用不著掩護，只有努力剷除的一法。我在海外也只有和這類前進的朋友談論，才不覺得——至少大大地減少——「家醜」的難過觀念，因為他們也很坦白地訴著他們的「家醜」，雖則他們的「家醜」和我們的「家醜」在性質上未必相同；但是彼此因為都了解同是不合理的現制度下的犧牲者，所以富於同情，能很坦白地很客觀地談論著。

在倫敦時有一次和一位很知己的前進的英國朋友同到英國法西斯的首領摩雷開的黨

員大會裡去旁聽，到者萬人。摩雷在演辭中主張英國不當拋棄印度，同時主張讓日本有隨意侵略中國的權利，於醜詆印度之外，並醜詆中國。我氣得發呆，這位英國朋友也氣得發呆！為什麼呢？因為他是一個思想正確的前進的青年，覺得英國有人主張帝國主義的侵略政策，在他也是「家醜」。我們聽到一半，還是他先建議「我們走吧」！我們走出了會場，他還繼續大罵英帝國主義的罪惡，再三勸我不要氣。

有閒

「有閒階級」這個名詞，諸位聽到的想已很多。這個名詞似乎是很令人討厭的。其實有閒階級的所以令人覺得討厭，倒不是「有閒」的本身，是因為在許多被剝削榨取的大眾終日勞苦而毫無閒暇的現狀下，卻讓少數特權階級有著閒暇，形成不公平的畸形的社會現象。

講到「有閒」的本身，卻是一種極可寶貴的東西。記者在蘇聯視察所得的觀感，一方面覺得他們大眾參加新社會建設工作的努力和緊張，一方面卻也覺得他們大眾獲得享受正當娛樂的閒暇。你每日下午在工作時間以後或晚間，如到他們的「文化和休息公園」裡去看看，便可看到於工作餘暇的大眾穿著整潔的新衣，真是「摩肩接踵」地在那裡玩；有的坐在電燈輝煌綠草如茵的廣場上的一排一排的長凳上談心，有的三五成群地散步，有的看著露天戲臺上的戲劇，有的集坐在音樂臺的前面傾聽音樂，有的在園內咖啡館裡喝著談著。公園的數量是常常在增加，而大眾的擁擠卻仍是一樣，原因是為著大眾有了閒；工作愈緊張，則於工作後的休息愈益需要有閒來恢復精力，以作再進努力的基礎。你到他們的戲院裡去看看，最好的位置並不是像在西歐所見的那樣，是有錢的有閒的大人先生太太小姐們的專利品，卻是在工廠裡參加社會主義競賽最有成績的突擊隊隊員，或學校裡在學業上參加社會主義競賽最有成績的學生的獎勵品。你可在那些最好位置的椅背上看見有亮晶晶的銅牌，上面刻好某某廠特為突擊隊員定的位置，或某某校特為最優學生定的位置。你如到他們的各種博物院裡去看看，可看見成群結隊的粗手粗腳的工人或集體農場的農夫，一群又一群地參觀著，聽著指導員口講指畫的解釋。他們每過五天就有一天的休息；在這一天，你隨處可以看見，尤其是在山明水秀或青翠欲滴的郊外村間，成群結隊的工人大眾，有音樂為前導，很愉快地邊走邊引吭高歌，盡量使他們的身心獲得舒暢的休養。在學校，在課堂或實驗室裡，他們專心致志地忙得很，在休息日的晚間或特別紀念日的晚間，卻有大規模的跳舞會，整千的男女學生在廣大的廳上跳舞，那盡量快樂的情緒，和在工作時一樣地緊張！我曾和莫斯科暑期大學的男女同學屢次去參加過，精神上所受到的興奮刺激是永遠不能忘的！他們的各機關每年都有兩星期到一個月的休假，免費送到名勝的區域去休養。我到蘇聯南方克里米亞的名勝區域如雅爾他等地，美麗像瑞士的海濱和山麓，來來往往的男女，都是特別努力於工作，在休假中來休養或娛樂的工農。這些事實給與你的異常深刻的印象是大眾的有閒，這不是「遊手好閒」的閒，卻是於努力工作之後的閒；不是少數不勞而獲者的閒，卻是共勞共享的社會裡的大眾的閒。

「材納門」

我從倫敦乘蘇聯的輪船往列寧格拉的時候，海程經過五天。在這五天裡面，每天都有一次討論會。同船的有兩百多個旅伴，大多數是從美國往蘇聯，由倫敦經過的，有少數是由倫敦同去的英國男女。有一天剛要舉行討論會以前，一位美國旅伴跑來對我說，在這次討論會裡，他們要我報告些關於中國革命的近況。這位旅伴是一個前進的青年，我知道他是沒有種族的成見，但是他卻有意避免引起我的種族的成見！他先請我原諒，因為他在談話裡提到「中國人」這個名詞，而在英文裡，「中國人」這名詞卻有兩個，一個是「材尼斯」（Chinese），一個是「材納門」（Chinaman）；他記得聽人說過，在這兩個英文字裡面，有一個是中國人所要聽的，有一個卻含有侮辱中國人的意味，給中國人聽了是要不高興的；但是他表示很抱歉地不知道哪一個是可以用的，哪一個是要得罪的，他老實弄不清楚，請我指示他。我說只要是出於沒有成見的朋友的嘴裡，在我聽來都是一樣；不過也很坦白地告訴他，就一般說，「材納門」是有人作為侮辱中國人的稱呼。他聽後還再三記個清楚，似乎有意要牢牢地記著這個區別，以免將來對於其他中國人有唐突的過失。

在國外時，確常遇著很相得的外國師友，我很確然地知道他們絕對沒有侮辱中國人的用意，在談話時也常用著「材納門」，我因為知道他們談話的內容是完全含著好意，並且知道他們絕對沒有侮辱的意思，所以聽著也仍然不以為意。他們以為「材尼斯」是形容詞，意義是「中國的」，「材納門」才是名詞，更合於用作中國人的稱呼。猶之乎英文的 English 是形容詞，Englishman 才是名詞。

但是出於死硬派的嘴裡，或出於蔑視中國人的外人的嘴裡，「材納門」含有侮辱的意味，卻也是確鑿的事實。可是我們如仔細想想，顧名思義，「材納」是中國，「門」是人，「材納門」的本身原來並沒有什麼侮辱的含意，大概只是「材納門」自己不爭氣，不振作，使這個原來不含有侮辱的名詞染上了侮辱的色彩吧！倘若這個分析不錯的話，我們的問題便是怎樣消滅這加上去的侮辱的意義了。

俄國在未革命以前，西歐各國以及美國的人們，也把俄國看作半野蠻的國家，俄人是被看作半野蠻的人種。等到革命後，五年建設計畫的逐步勝利，就是死硬派到那裡去旅行觀察一次，也不得不讚嘆他們新社會建設的成績，這是我在蘇聯各處遊歷親眼看見的情形。他們雖還不明白蘇聯何以能有這樣成功的基本原因，但肅然起敬，不敢再胡謅什麼「半野蠻」的形容詞到蘇聯人民的頭上，卻是無可疑的事實了。

我們果能從困難中爭得民族的解放，雖被人喚著千百聲的「材納門」何妨？我們被人套上「奴隸」的頭銜，還不知道起來鬥爭，萬邦騰笑，人類唾棄，就聽著「材尼斯」的呼喚，光榮又在那裡？

我們的

有一位朋友也曾經到過蘇聯去看看，他後來對人說蘇聯也不過是國家主義！有人問他何以見得，他說他在蘇聯參觀的時候，引導的人不是說這種工廠是我們的國家所有的，算世界上第一，便是說那種機器是我們的國家所有的，算世界上第一；這顯然可見他們也處處想到「我們的」國家，這不是國家主義嗎？

這種話在表面上很容易淆亂黑白，引人誤解，其實他沒有注意到國家主義和愛國是兩件事，更沒有注意到這裡所謂「我們的」國家是含有重要的意義。近代的國家主義是民族資產階層利用國家這個機構來和別的民族資產階層來競爭市場和利潤的，結果是要走上帝國主義的一條路（殖民地和半殖民地，由種種原因而民族資產階層無法抬頭，雖欲走上這條路而不可能，這是另一問題，這裡不贅述了），和愛國是截然兩件事情。至於蘇聯的人民把蘇聯看作「我們的」國家，那也不足怪，因為他們的國家的確是為大眾謀福利的屬於大眾的國家，大眾把它看為「我們的」，這不是很當然的嗎？在帝俄時代，那時他們絕不會說那是「我們的」，因為那時的俄國只是俄皇，貴族，僧侶，地主，和資本家的少數特權階層的國家，大眾就只有做變相的奴隸的份兒，他們當然不能把那時的國家看作「我們的」。他們在革命後，使少數人的國家一變而為大眾自己的國家，這誠然是一件可以自豪的事情，因為這是為人類歷史開了一個新紀元，這是人類真正歷史的開始！

我在莫斯科時曾看到他們努力新社會建設的影片（影片名《列寧的三歌》，內容非常雄偉，新社會建設的影片僅是其中的一部分）。最使我感動的，是工廠的工人演說時，提起工廠，便說「我們的」工廠；農場的農婦演說時，提起農場，便說「我們的」農場。這並不是表面的話，這工廠和農場確然不是為任何少數個人謀利的，在努力於這種的工廠和農民當然要看作是「我們的」了。蘇聯新社會建設的成功，他們大眾對於新社會建設的興奮，熱烈，「吃得苦中苦」而不但無悔無怨無恨，反而高高興興地幹去，興會淋漓地幹去，最基本的原因還是在「我們的」這三個字上面。

當然，這裡所謂「我們的」，並不是從個人的立場做出發點的說法。從個人做出發點的說法，便含有自私的意味，便含有個人據為一己所有而不顧公益的意味；這裡所謂「我們的」，是指大眾而言，是指和少數特權的剝削階層相反的大眾而言，是含有社會化的重要意義，是含有勞苦階層的集體的重要意義。

倘若一個國家還不為大眾所有，那末事事都和大眾的意志或利益立於衝突或敵對的地位，甚至你要愛國不許愛，要救國不許救。在這樣境地的大眾並不是無須愛國救國，卻是一方面要不許少數的漢奸賣國，同時要努力使國家成為真是大眾的國家，成為「我們的」！

躲

在倫敦的時候，有一夜在一個中國菜館吃飯，這菜館裡有兩個妙齡女侍者，她們都是所謂「土生子」，即她們的父親都是中國人，母親都是英國人。在倫敦華僑聚居的地方也在以貧民窟著名的東倫敦，那地方統稱為Limehouse。在倫敦說起Limehouse，英國人總以為那便是中國的象徵。聽說在勞工黨未上過臺以前，在那個地方走在街上的中國人，任何英國人無故可以打他的耳光！他當然沒有別的什麼罪狀，有的只是因為他做了沒有祖國保護的中國人！勞工黨上臺以後，因為比較地還以勞工利益為標榜，一般人對於做工的華僑，沒有像從前那樣賤視，雖然有時還不免要把他們歸入「劣等民族」看待。這兩個妙齡女侍便是出身於Limehouse，她們雖一半是英國種，但是因為有一半是中國種，在以「優越民族」自豪的盎格羅薩克遜看來，仍然是屬於「劣等民族」，所以她們對於沒有祖國保護的中國人所受到的種種切膚之痛，是親身經歷過，至少是常常耳聞目睹的。

這個晚上，我一面獨自一人吃著飯，一面無意中竊聽到這兩個十八九歲的天真爛漫嬌態可掬的女侍者同立在一個角落裡輕聲偶語著。她們生長在英國，說得一嘴的流利悅耳的英語。甲女睜著那一對亮晶晶的媚眼，好像有著滿腔心事似的，低聲軟語，問著乙女道：「為什麼任何壞的事情都歸到『材納門』身上來？我真不懂！」乙女懶洋洋地微嘆著答道：「我也不懂！我想我們不要再住在英國了，我們還是躲到自己的『材納』去吧。」她們剛說完這幾句話，有兩三個盎格羅薩克遜的客人進來了，她們忙著拿筷匙，捧碗碟，跑去招呼著客人了。

她們說完算了，但是卻使無意竊聽到這幾句話的我，無限感喟，久之仍像那幾句話還在我的耳鼓裡震盪著。她們一出世睜開眼睛，看見的便是英國的環境，「材納」究竟是怎樣的一個地方，在她們是莫名其妙的；她們稍大之後，進的學校也是英國式的學校，受著「上帝佑我王」的教育，中國有了什麼歷史，中國的近代史上面載著多少的恥辱，在她們也是莫名其妙的。她們感覺到在國外受到種種的歧視的侮辱和苦痛，直覺地想到的第一個念頭，便是「躲到自己的『材納』去吧」。

但是她們絲毫不知道，我很慘然地覺得她們一定絲毫不知道，在中國仍然是無限忍辱含垢的中國的時候，我們在世界上任何天涯地角固然都無處躲，就是回到中國，回到受著重重壓迫的，無限屈伏恬不知恥的中國，又有何處可躲？

由東北「躲」到華北，由華北「躲」到華南，由華南再「躲」到何處去呢？況且不是人人可由東北「躲」到華北以及華南嗎？在奴隸的國家就只有做奴隸的份兒，誰也無法「躲」，誰也無處「躲」！你真要「躲」嗎？唯一可能的方法只有根本把無限屈伏恬不知恥的國家一變而為英勇鬥爭力圖雪恥的國家。

群

一個人的思想言語行動，你如果僅從他個人的觀點看去，往往得不到徹底明確的了解，因為任何人的思想言語行動都受著他所屬的那個群的影響，或受著他所效勞的那個群的影響。你如能注意到他所屬的群，「思過半矣」！在國外視察各國的政治經濟社會，乃至新聞事業文化事業各方面的實況，仔細分析，在表面上可見的雖是某某個人，在骨子裡都不過是這一群的代言人，或那一群的代言人。例如德國的「納粹」領袖希特勒，有許多人覺得不解，他在黨綱裡明明說要把大企業歸國有，以「國家社會主義」自命，而上臺後卻一個字不能實現，反而請著十二位剝削統系中的「大王」統制全國的各工業部門，壓迫勞苦大眾，為資產者群效勞。其實希特勒根本就是這些「大王」的那一群的代言人，為的就是這一群的利益。黨綱上的話不過是在未上臺前用欺騙手段，來獲得一部分受欺騙的民眾的擁護罷了，有什麼可怪！墨索里尼的後面也有他所效勞的群，包爾溫後面有他所效勞的群，羅斯福後面也有他所效勞的群。

資產者群為著資產者群的利益而掙扎，勞苦者群為著勞苦者群的利益而鬥爭，這在各群裡面的人看來，各都覺得自己是對的。在為資產者群供奔走的鷹犬，在勞苦者群看來是該死的傢伙，而在他的本群的人看來，卻是不折不扣的忠臣！這樣看來，抽象地說這個人怎樣勤奮，那個人怎樣能幹，乃至怎樣忠實，都做不得標準。因為先要問他所效勞的是那一群？他所關心的是那一群的利益？效勞於剝削者群的人愈勤奮，愈能幹，愈忠實，在被剝削者群方面卻視之為更大的敵人。又例如教育家，大概沒有不以「樂育英才」自慰的罷，但是他所「樂育」的是替剝削者群造奴隸或鷹犬呢，還是替勞苦大眾造鬥士？這裡面就大有「差以毫釐，謬以千里」的區別了。

蘇聯在現階段是工人的國家，這是大家知道的。我在蘇聯視察各種機關——政治經濟，以及文化等等——的時候，最感興趣的是他們有所謂「社會的組合」（Social Composition），更明白些或可叫做「社會的成分」。例如他們在一地所舉出的市政府，或任何代表機關，或一個學校，都要注意其中的成分有百分之七十或八十是工人或工人的家庭出身的，此外有百分之二十幾是農民出身，百分之十左右是雇員出身（近於他國的小資產者群）。他們認為在現階段中這種「社會成分」的工人比率愈高，愈是健全，否則須有整頓的必要。這是他們在現階段中鞏固工人群以執行歷史使命而建設新社會的辦法。他們這革命先鋒的群的組織怎樣注意嚴密，怎樣提防各種機關裡「社會成分」的不健全，以免妨礙新社會的建設工作，的確是很值得注意的；因為群的力量是很大的，大眾的群不嚴密，營壘不嚴整，反大眾的群為著他們本群的利益便要乘機破壞的。

「社會的成分」

我曾在上期本刊裡提起在蘇聯所看到的在各種機關的組織方面所特別注意的「社會的成分」。他們要注意在組織方面所包含的分子有百分之幾是工人或工人的家庭出身的，有百分之幾是農民或農民的家庭出身的，有百分之幾是雇員出身的。蘇聯在現階段是工人的國家，換句話說，政權是握在勞工群的掌握中，執行他們造成沒有階級的自由平等新社會的歷史的使命；為要鞏固這先鋒集團的組織以完成他們的歷史的使命，所以對於組織方面，大至一黨，小至一個小機關，對於所謂「社會的成分」，都加以嚴重的注意。他們在現階段內要使「社會的成分」特偏重於工人或工人家庭出身的分子（通常達到百分之七十左右），其次輪到農民或農民家庭出身的分子（通常達到百分之二十左右），再次才輪到雇員（通常達到百分之十左右）。就黨員而論，工人要加入黨做黨員，只須經過幾個月的「試驗」（on probation）期；自由職業者要加入黨做黨員，就須經過幾年的「試驗」期（在「試驗」期內，言語行動及實際工作，都受黨的詳慎留意和監察，認為無愧於黨員資格後，才許正式入黨）。加入黨的人是下犧牲的決心為新社會努力苦幹的，並不是來享受什麼權利。例如工廠裡的工人已加入黨的，要現出特優的工作成績，於應有的工作外，還要用餘暇來熱烈地參加公益的事業，工資和通常的工人卻是一樣的；學校裡的教員已加入黨的，於原有功課之外，夜裡往往要盡義務指導補習教育或其他文化工作，較一般未入黨的教員特別的辛苦，而薪俸卻是一樣的（做工廠的經理或高級職員，如系黨員，薪水要比一般的同等地位的人減少）。得參加新社會更辛苦的先驅工作，在他們是莫大的榮譽。但是他們所以有這樣的精神，大部分是靠他們有較嚴密的組織，是靠他們有比較健全的「社會的成分」。

這種「社會的成分」的比率，當然依著新社會建設的逐漸成功而演變的。例如蘇聯自從集體農場計畫成功以後，農民也一掃他們從前自私的成見，成為新社會的集體工作者的分子，新憲法裡也就增加了他們的代表權了。

他們對於「自由職業者」限制特別嚴，這不是沒有理由的，因為「小資產階層」最易動搖，最易反叛革命，只有完全克服了「小資產階層」的自己意識，在大眾領導之下，以大眾的意識為意識的「知識分子」，才能有貢獻於大眾的革命。這樣看來，有人憑空說社會革命是要打倒「知識分子」，實在是一個很大的誤解。應被打倒的是反大眾的，妨礙革命的，做反動走狗的「知識分子」，不是忠實地熱烈地加入大眾領導之下來努力工作的腦力工作者。在帝俄時代，在俄國革命初期，「知識分子」大多數是當時腐化制度的擁護者，誰能信任他們？現在蘇聯的自由職業者已是立在勞苦大眾一條戰線上努力工作，所以他們所得到的待遇也和從前不同了。

領導權

近來常聽見有人提起「領導權」這個名詞，也常聽見有人說某某或某派要搶領導權云云，好像領導權是可由少數人任意操縱，或私相授受似的。這種人的心目中所認為領導權，只想到領導者，只知道有立於領導地位的少數個人，把大眾拋到九霄雲外！於是他們便存著一個很大的錯誤觀念，以為領導權是從少數人出發，大眾只是受這少數人所「領導」。隨著這個錯誤的觀念，他們又有著一個很大的誤解，常常慨嘆於中國大眾的沒有力量，夢想著好像可以忽然從天空中掉下來的「領袖」，然後由這個「全知萬能」、「生而知之」的「領袖」來「領導」大眾；以為大眾只配受這樣高高在上和大眾隔離的「領袖」所領導！

其實領導權在表面上似乎是領導著大眾，而在骨子裡卻是受大眾所領導，大眾才是領導權所從來的真正的根源。

我在莫斯科時細看他們的革命博物館，看到革命進程中每一個運動的事實的表現，都覺得領導中心之所以偉大，全在乎能和當時大眾的要求呼應著打成一片；換句話說，領導中心是受著大眾的領導，也只有受著大眾領導的中心才能成其為領導中心。

誰都不能否認列寧和他的一群是蘇聯革命的領導中心。他在一九一七年發動革命時所提出的標語是土地，麵包，和平。當時克倫斯基政府無力應付經濟危機，仍和協約國進行帝國主義爭奪的戰爭，對於民生的艱苦，農民土地問題的急切待決，都毫不顧及。而列寧在當時所提出的三大主張：土地歸農民，工廠歸工人，不參加帝國主義的戰爭，恰恰反映著當時大眾的迫切要求；接著主張「一切權力屬於蘇維埃」，又是達到這三大主張的唯一途徑。列寧在當時能根據大眾的真正要求和可以達到這真正要求的途徑努力幹去，這不是很顯然地是受著大眾所領導嗎？這不是很顯然地表示他的領導權不是和大眾隔離，而是發源於大眾的嗎？所以在表面上列寧和他的一群似乎是在那裡領導著大眾向著正確的路線前進，而在骨子裡卻是他和他的一群受著大眾的要求所領導而向前邁進著。他的偉大是在乎他能認清大眾的要求和用來達到大眾要求所必由的正確路線，並不是離開大眾而能憑著什麼領導權而幹出來的。而且在他認清大眾的要求和用來達到大眾要求所必由的正確的路線後，也還要靠著大眾自身的共同奮起鬥爭的力量而才能獲得成功的，並不是拋開大眾的力量而能由少數人孤獨著幹得好的。其實果然能依著大眾的要求而努力的，絕不會得不到大眾的共同奮鬥的力量；怕大眾力量抬頭，用種種方法壓迫大眾力量的抬頭，正足以證明這些人為的是他們自己和他們的一群的利益，所以提防大眾如防家賊似的！和大眾既立於相反的地位，摧殘蹂躪大眾之不暇，還說得上什麼領導大眾呢？果要領導大眾嗎？必須受大眾的領導！

糟蹋

糟蹋是反動派的慣技！

例如帝國主義的國家對於殖民地或半殖民地，便極盡糟蹋的能事。他們當然不是「為糟蹋而糟蹋」，卻有他們的動機。他們因為要欺騙麻醉本國的民眾，使本國的民眾覺得本國統治者群壓迫殖民地和半殖民地的行為是應該的，是正當的，是「傳布文明」的，就不得不用種種的宣傳方法，把那些地方的人民形容得異常野蠻，異常殘忍，異常愚蠢，異常可惡。在倫敦有個蠟人館叫做杜索夫人展覽會(Madame Tussaud's Exhibition)，在地窖裡設有所謂「恐怖室」，懸有殺頭的慘相，上面赫然用大字題著「在中國的殺頭」（該處為倫敦名勝之一，看的人很多）。我們固然不擁護殺頭——雖則殺盡漢奸的頭卻是痛快的事情——可是好像殺頭這件事只存在於中國，用這樣的布置來暗示中國人特別殘忍成性，顯然地存著糟蹋中國民族的用意。我在倫敦時，各報正紛載希特勒殺兩個美麗的本國女偵探的頭，但是那個「恐怖室」裡並不敢懸上一個「在德國的殺頭」的相片。似乎只有殖民地或半殖民地活該受這類的糟蹋。他們以為盡量地糟蹋被壓迫的民族，可以永遠使被壓迫者處於奴隸的地位，其實被糟蹋得越厲害，力爭解放的情緒也愈迫切。

舊制度的國家的統治者群對於新制度的國家，也極喜用他們的宣傳工具——報紙和雜誌——痛做糟蹋的工夫。你在西歐各國的報紙和刊物上，常常可以看到糟蹋蘇聯的種種「新聞」。在蘇聯農業機械化電氣化，集體農場大告成功，農產品日見豐富的當兒，他們竟敢閉著眼睛大造蘇聯農民整千整萬餓死的消息！但事實勝雄辯，到蘇聯遊歷的人一天多一天，他們的造謠徒然損失自己的信用罷了！倫敦最反動的報紙之一的《每日快報》（*Daily Express*）除常常造謠誣衊蘇聯外，還常常登載攻擊蘇聯領袖們的私生活的消息。我到蘇聯仔細調查後，知道都是毫無事實根據的謠傳，都是有意的糟蹋。其實蘇聯新社會建設的突飛猛進，蘇聯領袖們領導蘇聯大眾對於新社會建設的繼續努力，都有事實的表現，並不受這樣糟蹋的絲毫損傷。

上面所說的是國際上常見到的一種怪現象。但是在一個國度內，反動者群也喜歡用這同樣的手段。他們對於新運動，想出種種糟蹋的「新聞」，盡量宣傳，使人覺得除了「殺人放火」、「洪水猛獸」的印象外，無一是處。他們對於所欲得而甘心的個人，也慣用這同一的「技巧」，由他們直接間接的走狗們造出種種謠言攻擊他的私生活；盡瘁於社會事業的人無論怎樣艱苦，只須他的事業不便或有礙於反動者群的利益，他們便可造謠誣他怎樣「收入巨大」，怎樣「服食華貴」，乃至怎樣「舉動腐化」。他們以為這樣可以使他在民眾間失卻信用，便可替他們的主子拔去一個眼中釘，是多麼好的策略！我知道朋友裡面因努力於民眾的工作而受到反動者群的糟蹋暗箭，不乏其人。糟蹋者心勞日拙，終有「水落石出」的時候，其實只須自問沒有假公濟私的虧心事，自問確是以赤誠努力於所認為有益於大眾的事業，不但不怕什麼，而且要更勇敢地往前幹去。

矛盾和一致

歐美各國的大眾最近有兩個「反」的運動，一天堅強一天，一個是「反戰」運動，一個是「反法西斯」運動。其實這兩個運動也可以說是一個大運動的兩方面；法西斯對內是壓迫勞苦大眾，對外是不恤用殘酷的戰爭來掠奪殖民地，所以在國際上，法西斯和帝國主義的戰爭是分離不開的。掠奪殖民地的帝國主義戰爭，只是各帝國主義的統治階層（做政治後臺老闆的資產階層都包括在內）各為本階層牟私利的勾當，不但和各該國的勞苦大眾沒有什麼利益，而且於他們還有很大的損害。一則因為有殖民地供帝國主義的統治階層所利用，適以延長剝削制度的命運，使勞苦大眾多挨若干時的痛苦；二則因為帝國主義的戰爭一旦爆發，輪到前線去拚命做炮灰的不是坐享剝削所得的大人先生們，卻是白送命的勞苦大眾。這樣看來，法西斯所推動的帝國主義戰爭雖是對國際而發，和對內方面的壓迫勞苦大眾也是拆不開的。

前次世界大戰，參戰的各國高唱「為保障世界民主」（to make the world safe for democracy）而戰，實際是驅著無辜的大眾替統治階層分割殖民地而戰！自世界大戰以後，又經過世界經濟恐慌，各國大眾白吃苦頭，已有深刻的覺悟，知道拚著命所「保障」的只是資產階層的利益，他們自己是完全上了大當。最近各國大眾「反戰和反法西斯」的日益猛烈，都是由於受著這種現實的教訓。各帝國主義的國家都有著這樣無可避免的矛盾：一方面統治階層對於掠奪殖民地的殘酷戰爭凶横猛進，一方面國內大眾「反戰和反法西斯」的狂潮也眾怒難犯。在第二次世界大戰裡面，各國大眾必然地不像前次大戰裡那樣的易於受欺騙了。各帝國主義的當道，一方面積極備戰，一方面卻高唱和平，也未嘗不是有著這樣的顧慮。但是因資本主義內在的矛盾，他們將終於不得不冒險一下。

在另一方面，被壓迫民族的解放鬥爭，除少數漢奸和準漢奸外，卻有一致對抗壓迫者的潛力；無論什麼階層，無論什麼政治派別，做亡國奴總是不願意的，做被征服的民族中的一個奴隸總是不願意的，在這一點上便有結成聯合戰線的可能，在這一點上便沒有侵略國內部的那個矛盾，在這一點上便是一致的。在侵略國有那樣的矛盾，在被侵略者有這樣的一致，以這樣的一致和那樣的矛盾對抗，最後的勝利誰屬是很顯明的。

但是這樣的一致所以能發生力量，必須在發動了民族解放戰爭以後，否則侵略國反可以因被侵略者的無限退讓而維持它的對內的壓迫力量，同時對侵略國能繼續不斷做不費力的掠奪。

大眾的軍人

本刊很榮幸地登載過兩位曾為民族解放英勇抗戰的名將的文章。一位是馬占山將軍，他那篇文章的題目是〈我的禦侮經驗與認識〉（見《大眾生活》第七期）；一位是翁照垣將軍，他那篇文章的題目是〈「一二八」四週年紀念的感想〉（見《大眾生活》第十一期）。這兩篇是承蒙兩位將軍自動投寄本刊的，內容都是他們根據親歷的實際經驗，證明中國在軍事上確有抗敵自衛的能力，這在救亡運動中是有著非常的重要性的文字，是不消說的。馬將軍孤軍抗敵，能支持到兩個月；翁將軍也以孤軍抗敵，能支持到一個多月。在中國廁身軍界，號稱「將軍」的有如過江之鯽，假使有十來個像兩位將軍的英勇抗戰，至少有三年的抗敵激戰，任何強悍的帝國主義，都不能不崩潰的，還能那樣不費力地把中國的土地一大塊一大塊地宰割，幾去了全國版圖的一半，而還在繼續不斷地進攻嗎？我們倘追念兩位將軍的戰績，對於現在國土被人宰割了幾乎一半的時候，還在唱著「準備」和「等待」的調兒以欺騙民眾，不必再有什麼解釋，即可明瞭的了。

自從這兩篇非常重要的文章發表之後，國內外的中國大眾寫信給本刊慰問兩位將軍，並希望兩位將軍還要奮起為中華民族解放鬥爭的，有如雪片飛來，應接不暇，我們實不勝其轉達或轉交，所以特在這裡順便提起，以告兩位將軍，同時敢告熱心的讀者諸君，我們深信兩位將軍必能始終為民族解放作殊死戰，必不辜負諸君的殷切盼望的。在我還有一個很深刻的感觸，就是看到大眾方面對於真能為國抗敵的軍人，這樣熱烈誠懇地尊崇愛護，可見大眾的軍人——為大眾利益而出生入死英勇抗戰的軍人——必為大眾所認識的，必為大眾所不能忘的。

我對於這兩位「大眾的軍人」，雖都不過見過一面，但所得到的使我永不能忘的深刻的印象，是他們的熱誠血性，肝膽照人。馬將軍於嫩江戰後，第一次到上海，曾和杜重遠先生一同到生活週刊社來看我，臨別時和我們社裡每一個同事都握手致意。他對我們這班「傻子」的和藹的容態，誠懇的言辭，是我們所永遠不能忘的。據我們所得到的最近消息，馬將軍對國事的憤慨，急得連夜睡不著覺。

翁將軍，我去年到莫斯科的時候才見面。我在戈公振先生處碰著他，承他叫我到他的旅館裡去同吃晚飯，暢談了許久，他無時無刻不以為國犧牲為念。我那天夜裡就要乘車回列寧格勒，再乘輪回倫敦。臨行時他覺得我衣服太薄，把他在吳淞苦戰月餘始終穿在身上的羊毛衫（即西裝馬甲上用的）贈送給我，說「我原打算和這件衣服同生死的，現在送給你作紀念吧！」我很欣幸地受了下來，說這是在民族解放戰爭史上很可紀念的一件寶物，我不敢占為私有，謹為暫時保存，等到中國民族解放成功，建起了民族解放博物館時，還要代為送去陳列起來，作永久的紀念。

有朋友告訴我，最近翁將軍因看了《大眾生活》裡所詳載的學生救亡運動的英勇犧牲，想到軍人對於衛國的職責，痛哭了一夜。

我們對於「大眾的軍人」，還要為大眾做前鋒的「大眾的軍人」，敬致民族解放的敬禮！希望他們對民族解放作再接再厲的努力！

事實的表現

事實勝雄辯，因為只有事實的表現是最無可逃避的證據。

各國的政黨，除真正由大眾做中心的政黨外，你如拜讀他們的黨綱，宣言，以及他們的「領袖」的公開演說，未嘗不是為國為民，說得娓娓動聽，但試按他們在事實上的表現，所「為」的是誰的「國」，所「為」的是什麼「民」，就要露出狐狸的尾巴了。例如英國的勞工黨的領袖們在嘴巴上唱著「社會主義」，實際上卻採用妥協的途徑，欺騙群眾的方法，事實上的表現，便是很可笑的。他們秉政的時候，孜孜矻矻的是如何減削失業救濟金（他們所謂「dole」），如何減削工資，和如何壓迫工人反抗的幾件大事！（在《萍蹤寄語》第一集裡有較詳的論述。）關於他們的「德政」，還有一件小事也頗有趣。倫敦密布地下的道地車原來是由七個公司「割據」著的，他們心血來潮，想起了有計畫的經濟統制是「社會主義」的精髓，要把這些道地車「統制」一下，把七個公司合併起來，叫七個公司原來的股東把股票交還，重新發給一個總公司的股票，由市政府派一個大員做總經理，積極實行「合理化」！結果，原來在七個公司裡做工的職工在某一公司失了業，還可到另一個公司去混飯吃，又因各公司的對立與競爭，罷工的效力也大些。這樣一來，職工們只有一條路走，除「埋頭聽榨」外，要想奮鬥，比前更難了！而老闆們卻可因統一的「合理化」而沾光不少。所以「社會主義」其名，而「法西斯化」其實，但是我們如注意他們事實上的表現，便不致受他們的欺騙。其實帝國主義的國家對內榨取勞工大眾的骨髓，對外榨取殖民地和半殖民地大眾的膏血，這是事實上的表現，他們在表面上儘管說得怎樣冠冕堂皇，是沒有用的。

蘇聯是含有百餘種民族的國家，在帝俄時代有許多民族是遭受著種種壓迫。我在蘇聯視察的時候，特別注意他們對於這些從前遭受壓迫的民族，現在在事實上的表現怎樣。我因為偕同美國學生旅行團參加過莫斯科暑期大學，認識不少蘇聯的學生，其中有許多是屬於從前被壓迫的民族的，常和他們在私人房間裡密談到這個問題。他們認為在享受教育的種種權利上，在參加政治的權利上，在享受經濟的種種權利上，各民族都是一律平等，找不出有什麼兩樣，有的只是在他們的特別落後的民族裡，社會事業的建設費，文化的推廣費，特別比別處加多些。我後來到蘇聯中部南部看到的種種事實（以後當陸續詳談），知道他們的話不錯。例如蘇聯的各大學不但免費，而且按月有津貼，我問過許多學生，不管他們是屬於那一民族，都受同樣的待遇。又例如在各工廠裡所見，廠長和工程師的重要位置，也有不少是出身於從前被壓迫民族的。在各地方的政治機關裡，也有同一的現象。這種事實的表現，其實也不足奇，因為帝國主義的榨取是發源於資本主義榨取制度的存在，在榨取制度不存在的社會裡，也就是在社會主義的社會裡，「帝國主義」這個寶貝根本沒有存在的餘地了（這當然不僅指蘇聯，在任何社會主義的國家都是這樣）。

個人的美德

有一位老前輩在某機關裡辦事，因為他的事務忙，那機關裡替他備了一輛汽車，任他使用。有一天他對我說，他想念到中國有許多苦人，在飢寒中過可憐的日子，覺得非常難過，已把汽車取消，不再乘坐了。我問他什麼用意，他說改造社會，要以身作則。他這樣做是要把自己的儉苦來感化別人的。我說我很懷疑這種「感化」的實效究竟有多少，因為許多「苦人」根本就坐不起汽車，用不著你去感化；至於上海灘上的富翁闊少，買辦官僚，絕不會因為你老不坐汽車，他們也把汽車取消。就是我這樣出門只能乘乘電車，或有的地方沒有電車可乘，因為要趕快，不得不忍心坐上把人當牛馬的黃包車，也無法領略你老的「感化」作用。他聽了沒有話說。

就一般說，這位老前輩算是有著他的個人的美德，但他要想把這「個人的美德」的「感化」作用來「改造社會」，便發生我在上面所說的困難了。他真正要想改造社會，便應該努力促成一種社會環境，使白坐汽車的剝削者群無法存在，勞苦大眾在需要時都有汽車可坐，這才是根本的辦法；但是這種合理的社會環境是要靠集體的力量實際鬥爭得來的，絕不是像「取消汽車，不再乘坐」的「個人的美德」所能由「感化」而造成的。

有人羨稱列寧從革命時代到他握著政權以後，只有著一件陳舊破爛的呢大衣，連一件新大衣都沒有，嘆為絕無僅有的個人的美德，好像要想學列寧的人只須學他始終穿著一件破舊的大衣便行！其實列寧並非有意穿上一件破舊的大衣來「感化」什麼人，他的偉大是在能領導大眾為著大眾革命，在努力革命中忘卻了自己的衣服享用，恰恰是無意中始終穿著一件破舊的大衣。倘若不注意他為解放大眾所積極進行的工作，而僅僅有意於什麼個人美德的感化作用，那就等於上面那位老前輩的感化論了。無疑地列寧絕不是要提倡穿著破舊的大衣，他所領導的革命成功之後，勞苦大眾不但無須穿著破舊的大衣，而且因社會主義建設的著著成功，大家還都得穿上新的好的大衣！

我在德國的時候，聽見有人不絕口地稱讚希特勒的儉德，說他薪俸都不要，把它歸還到國庫裡。我覺得他的重要任務是所行的政策能否解決德國人民的經濟問題，是否有益於德國的大眾，倒不在乎他個人的薪俸的收下或歸還。老實說，像我們全靠一些薪俸來養家活命的人們，便無從領受這樣「個人的美德」的「感化」。

我們的意思，當然不是反對個人的美德，更不是說奢侈貪汙之有裨於社會，不過鑑於有一班人誇大「個人的美德」對於改造社會的效用，反而忽略或有意模糊對於改造現實所需要的積極的鬥爭。

信箱

期望

在前天的報上，看到先生編輯《大眾生活》的消息，使得我快樂到萬分。回想先生以前編輯的《生活》週刊，我從第五卷起，沒有一期未曾讀過，後來《生活》被停止郵寄了，想了方法請上海友人按期買了轉寄給我，直到《生活》被迫停刊時為止，因為那時我還在故鄉鹽城讀書呢。同時我所知道《生活》的讀者是各界的人們都有的，不像現在一般刊物的讀者僅僅限於學生的，故《生活》可以說是極普遍的大眾讀物。自《生活》停刊了以後，一般大眾和失去良師一樣的悲痛；然而考究《生活》何以使人如此的愛護呢，在我的意思，不外下列的幾個原因：一，文字生動精警而有趣味。二，各項重要問題無所不談，但不趨專門化。三，誠懇的暗示人生修養。四，積極的促進社會改造。再加上先生公正精透的〈小言論〉，人生百面鏡的〈信箱〉，因此風行海內，暢銷寰宇了。最近我常和同學樹君說：「《生活》停刊以後，上海的週刊旬刊雖多，沒有夠得上稱為『大眾讀物』而具有以前《生活》一樣價值的，很希望現在有類似《生活》的刊物出現，使大眾再得到適當的良好的讀物。」這話說了不久，就看到《大眾生活》出版預告的消息了，可以說是我的希望實現了，該是如何的快樂呢！

看到《大眾生活》這個名詞，誰都知道一定是大眾化的讀物。再看先生所述《大眾生活》的目標是「在根據現代中國的急切需要，力求民族解放的實現，封建殘餘的剷除，個人主義的克服」。的確，民族解放是現代大眾所急切地需要的；封建殘餘不剷除，社會無法改造；個人主義不克服，社會事業無從發展。由此可知《大眾生活》和以前《生活》的主張沒有多大出入的，只有更加具體化一點了。而《大眾生活》所用的工具還是「通俗生動的筆調」，也和《生活》一樣的。至於《大眾生活》對於大眾的希望是僅在「引起對於時事及重要問題的特殊注意與研究興味」，我覺得還有點「美中不足」，我更希望《大眾生活》使大眾再得到人生修養的暗示，這就是先生以前辦《生活》時所主張的。因為現代大眾受到的教育，水平還是很低的，對於人生修養的訓練，非常的淺薄。他們認為人生的娛樂，是打牌宿妓；他們認為人生的目的，是升官發財。因此弄得社會上烏煙瘴氣，沒有昇平之日。我很希望先生繼續依照《生活》時代的服務社會的精神，使大眾由《大眾生活》得到做「人」的方法，做「人」的訓練，這樣造福社會，更非淺鮮了。

其次我還希望《大眾生活》對於讀者信箱，最好還是設置，因為信箱的內容，確可顧到極有價值的人生問題，社會問題，而先生對於每一問題的解答，更足供若干人的借鏡，由生活書店編印之《最難解決的一個問題》和《遲疑不決》等書的風行海內，就可知大眾對於信箱內容的重視了。國內外各地通訊，尤請特別注意，從這裡才尋得出剷除封建殘餘的方策呢。

最後我對先生還貢獻一點芻蕘，就是在現代的中國，言論自由仍是一個夢想，我希望先生以極慎重的努力，把《大眾生活》慢慢培育起來成為良好的大眾讀物，切勿使它中途夭折，因為現在創辦刊物，任你是光明磊落，往往遭到意外的無理的摧殘與壓迫。

（下略）

徐鳳石

鳳石先生：

承蒙你懇摯的獎勉，非常感愧，先要謝謝你的厚意。本社同人只有愈益奮勉，永不辜負諸位好友的期望。

不幸夭折的《生活》，在現在看來，感覺到有許多的缺點，但仍承蒙許多讀者好友垂念不忘，這也是使記者很感愧的。倘若諸友認為《生活》在當時對於社會不無一點點的貢獻，我覺得大概是因為它的愚誠，是在能反映著當時社會大眾的公意，始終不投降於黑暗的勢力，始終堅決地不肯出賣社會大眾給它的信用。關於這一點，我們還是要堅持到底的。

但是時代的巨輪是向前進的，《大眾生活》產生的時代和《生活》所處的時代已經不同了。記者出國兩年多，回國後最深刻感覺的一件事是讀者大眾在認識和思想上的飛躍的進步。關於這一件事實的最顯明的佐證，是有好些刊物因為歪曲了正確的認識和思想，無論在宣傳和發行方面如何努力，還是沒有人睬它。這是就一般說。講到《大眾生活》，我們不但希望它能避免《生活》的缺點，保留《生活》的優點——倘若有一些些的話——而且要比《生活》前進。試舉一二例子來說：例如先生所提起的「各項重要問題無所不談，但不趨專門化」，社會是一天一天地在前進著，有許多在從前認為是「專門化」的知識，也許到現在卻應該是一般化了；我們要盡力使原來是「專門化」的，現在要在文字的寫作技術上使它大眾化起來，由此提高一般的知識水準。我覺得為大眾的利益方面著想，以後任何專家都須特別注意到這一點；一方面有他們各個的精深的專家的研究，一方面卻須訓練他們自己能把專門的知識用通俗的方法灌輸於大眾。又例如「暗示人生修養」，現在不是由個人主義做出發點的所謂「獨善其身」的時代了，要注意怎樣做大眾集團中一個前進的英勇的鬥士，在集團的解放中才能獲得個人的解放。關於這一點，有一件雖然微細而卻顯明的事實可以做個例子。從前實施所謂「職業指導」的人們，總是把應該怎樣努力怎樣吃苦的話勸導青年，這對於當時有業可就而不肯努力不肯吃苦的青年說，當然不能算錯，但近來有不少很肯努力很肯吃苦的青年，因為次殖民地的經濟破產，不是因他們自己的個人過失而遭著失業的痛苦，指導者再對他發揮「拚命努力拚命吃苦」的高論，便是犯著牛頭不對馬嘴的毛病了。

我們的意思當然不是說「人生」無須「修養」，但是「修養」不應以個人主義為出發點，卻要注意到社會性；是前進的，不是保守的；是奮鬥的，不是屈伏的；是要以集團一分子的立場，共同努力來創造新的社會，不是替舊的社會苟延殘喘。所以「引起對於時事及重要問題的特殊注意與研究興味」，也未嘗不含在「人生修養」裡面。

關於國內外通訊和信箱的設置，先生的建議，我們當接受，不過發表的信以有發表價值者為限，所以不一定期期都有。

最後先生很熱誠可感地希望《大眾生活》不要「中途夭折」，我們也和先生一樣地希望著，不過當然還要以不投降黑暗勢力為條件，因為無條件的生存，同流合汙助桀為惡的生存，雖生猶死，乃至生不如死。

永生

（一）

先生的回國，給我以極大的欣喜！《大眾生活》的刊出，給我以極大的興奮！我對著登載《大公報》上的《大眾生活》四個大字呆看了好久：我分不清我的情緒是興奮，是高興，抑是悲哀，更無法用度量衡來測量我興奮的程度。

一別二年的《生活》在這個大時代復活，是很使愛他的人擔憂他的壽命的。因為常站在與大眾對立的地位的人們和侵略者，與我們求民族獨立生存者的行為是敵對的。這樣一個代表大眾喉舌，代表反抗侵略者的急先鋒的刊物，是很易遭到夭折的。我們的《生活》、《新生》，就在這二種壓力下逝去，不，永遠生存著！

因為我們愛《大眾生活》太深了，所以我們迫切地希望它生存著，給我們一些安慰。請先生在可能範圍之內，避免無謂的犧牲。我有二點感想不知可供參考否：（一）對國內少攻擊個人，抨擊個人，讀者看了雖然稱快，但會引起被抨擊者的妒視與仇恨，這形成刊物夭亡的一個主要因素。我國要人們確是太不像話，但我們應從大處著眼，個人是整個社會體制的產物，不應該稱快於一時，而忘了未來更大的責任。我們所要的是更迭整個社會組織，不僅僅要求更換幾個要人。（二）關於對外，尤其是我們的侵略者中的急先鋒，說話要用些特別的工夫。只要我們還是中國人，我們是能明白所指者是誰。我認為以上二點，並不能指為與惡勢力妥協，應該是我們的戰術！（下略）

李涵，十一月廿二日，天津。

（二）

剛才把《大眾生活》創刊號看完，現將讀後感想告訴先生：先生以前主編的《生活》週刊，我定閱年餘，不幸因故停刊。接著杜重遠先生辦的《新生》我也定閱過，但也不得善終。這初生的《大眾生活》，我很盼望它能自自然然的發榮滋長，但前途吉凶，和我們大眾一樣，是否能生活下去，未可預卜，望先生特別注意，勿使夭折。

袁芝生啟山東，十一，廿。

近來我們接到許多讀者好友的信裡面，有不少是在替本刊擔憂，很誠摯地希望本刊不要「夭折」，這種隆情厚意，實在使我們受到很深的感動；我們除敬致無限感謝的意思和更要特別努力外，還有幾句話要提出來說說，因限於篇幅，僅隨便揀取兩封信發表如上，藉作答覆。

我們當然要盡力之所及，使本刊不要「夭折」，因為我們要藉本刊對民族解放前途，對大眾解放前途，盡一部分的貢獻，換句話說，我們不是為本刊而辦本刊，只不過把本刊作為努力於我們的大目標的一種工具。我們說「一部分」，因為我們要很徹底地明白，這只是大目標所需要的全部工作裡面的一部分；我們說「一種工具」，我們要很徹底地明白，這只是大目標所需要的許多工具裡面的一種。再說得明確些，我們是在民族解放大眾解放的大目標之下，努力於「一部分」和「一種」的工作。

說明了這一點，我們固然要「特別注意，勿使夭折」，但是萬一雖「特別注意」而仍出乎拯救力以外的「夭折」，我們卻不因此灰心，卻不因此停止工作，換句話說，「解放運動」的進行並不因此而停止或消滅，時代的巨輪還是朝前邁進的。而且這裡被壓下去，那裡要奮發起來；今天被壓下去，明天要奮發起來。在這樣的形態之下，李涵先生所謂「永遠生存著」實有很深遠的意義。我們在「大目標」之下，在時代的「大運動」裡面，應該前僕後繼地向前邁進，決心幹到底，一息尚存，絕不罷休。就是一個人死了——不是尋短見的死，或「無謂犧牲」的死，是幹著於「大目標」、「大運動」有多少貢獻的工作幹到死——「大目標」、「大運動」之下還有無數的夥伴們向前邁進。個人的得失生死，不算一回事。由這樣的觀點看去，我們就只有「興奮」，沒有「悲哀」，永遠沒有「悲哀」！

最後的勝利必然地是屬於英勇鬥爭的被壓迫者的方面，必然地是屬於英勇鬥爭的大眾方面，我們本著這樣的認識，共同向前奮鬥努力，不知道什麼叫失敗，不知道什麼叫困難，就只有望著「大目標」、「大運動」各盡所能地向前幹去！

先鋒隊伍和領袖

第十一期《大眾生活》裡先生所寫的那段漫筆〈領導權〉的意義，當然是在說明革命運動的領導分子應該時時刻刻體會到大眾的迫切要求，中肯地喊出大眾所正想喊出來的口號。（中略）

這意思當然是正確的，但是寫在《領導權》裡的語味，卻有許多地方會引起誤會。譬如說：大眾是真實的領導中心；要領導大眾的，就要受大眾領導……

在革命進程中的一個領導集團，以及在一個先驅的革命組織中的一個天才的領袖，無疑的是有決定的作用的。（中略）雖然，有時也因為大眾的落後，以致隨著他們兜圈子（這當然因為不能脫離大眾的策略的關係），但是決沒有疏忽前後的目的是在領導大眾到徹底解放的道路上去。這先驅的革命集團和領袖無疑的是領導大眾的核心，絕不是在受大眾的領導！

一般的講，大眾開始是盲目的，或短視的，容易受欺騙，受矇蔽，受利用，都是如此。準漢奸以及一切帝國主義的清道夫正利用這一點想領導他們往奴隸的深坑裡走去。

在此，爭奪領導權，對於自認是先驅的集團是必需的，而且絕不可忽略的了。而且過去的一九二五至一九二七年的大革命的慘痛經驗，正說明放棄領導權所得到的惡果是怎麼樣的。（下略）

沈易

承蒙沈先生的誠懇指教，我非常感謝。

我覺得我在〈領導權〉那篇漫筆裡所說明的意思，根本上和沈先生所提出的並沒有衝突。我所謂「須受大眾的領導」，絕不是「做大眾的尾巴」，卻是沈先生所謂「革命運動的領導分子應該時時刻刻體會到大眾的迫切要求」。

沈先生所提出的「先鋒隊伍」和「領袖」的必要，我也完全承認。不過一般人想到「天才的領袖」，往往容易幻想到好像可憑空由天上掉下來的「天生」的「領袖」，常聽見有人慨嘆中國沒有領袖（一般說，不是指沈先生），就含有這樣的觀念，這樣的態度和鄉巴老天天在幻想出個「真命天子」一樣！其實大眾的領袖是要由參加大眾的鬥爭歷程中一步一步地造就出來的，是參加大眾的運動而在鬥爭上磨煉出來的。革命運動的領袖和英雄主義的「領袖」的異點，便在一方面是和大眾的運動有著密切的聯繫，他只是反映著大眾潛伏的意志和力量；相反的一方面卻是離開大眾，欺騙大眾，輕視大眾，要滿足他個人的慾望。因沈先生提起「領袖」，連帶想到這一點，所以順便附述在這裡。

麵包和人才

（上略）國際的風雲是一天緊張一天，中華民族的前途，是快要近到瓦解！讀每一期的貴刊，更明瞭目前中華民族的危險！更慚愧身為青年國民，而不能為民族前途略效微勞，雖然我們幾個朋友，和每一個人——不論男婦老幼——談話時，總把敵人的暴行，和非人舉動，及非不得已不購買外貨等消極抵抗敵人的方法，向他們或她們作口頭宣傳，但我們認為這是不夠的，這並不就可算盡了青年人民的責任，因此有時和幾個友好——都是最敬欽先生愛閱貴刊的讀者——會晤，在痛恨漢奸和敵人危害中華民族，及崇贊學界同胞大無畏的抗爭精神之餘，總想在職業界中使地方上在業的職員大眾們，多數或全數來結成一個集團，去幹一切可能的救亡工作。可是略一思索，便覺荊棘滿途，事實上又談何容易呢？現在拿我們所認為困難之點來請問先生，想先生定能給我們一個很完滿的答覆吧！

第一是麵包問題∴前面我曾說過，在家無產在店無勢的小職員們舉止是不能如一般人的自由的。要是去參加這種救亡集會，即使老闆或經理及有權威者們，口裡雖講不出反對這種行為的絕大理由，可是心理上定會發生一種荒謬的歧視。如果入會後，為會務而實行工作起來，時間上就不會允許。假使為了會務而把店務擱著，說不定老闆們會把有失職責的罪名給你加上而奪去飯碗！（中略）

第二是人才問題：職業界的大眾，大多是沒有受過高深的學識的。如果集會成立了，沒有有才具的人去主持，那末豈不成為一個名不符實的幌子嗎？既然名不符實，那又何必多此一舉呢？固然有少數的朋友，學識程度是還好的，但自問對於主持會務的能力上是頗難勝任，地方上雖然也有智力兼有的人們，但不肯出來領導又怎麼辦呢？

其他如怎樣地組織為最完善？怎樣地舉動為急需和最正當？怎樣地推廣才能達到大眾群起響應的目的？這些都是我們力與願違和最需要解決的難題。（下略）

吳凱

吳先生提出的問題有兩個：第一個是麵包問題。「小職員們舉止是不能如一般人的自由的」，誠然是事實。不過要經常地拋開原有職業上的職務去參加救亡運動，這在事實上，恐怕從事任何職業的人都有困難。就一般說，大概都在業餘的時間盡自己的力量去參加或工作。偶有非常重要的工作，非去不可的，那只有斟酌請假的一法。但是這種特別情形，除非到了極緊張的場合，也許不是經常必要的。經常需要的是小集團的細胞組織，如讀書會、討論會等，應該盡可能的在各自範圍內建立起來。第二個是人才問題。在任何大小的群體裡面，大概總有比較前進的分子，即如吳先生所謂「有少數的朋友，學識程度是還好的」，那便可多負些責任，指導輔助這集團裡的同志。大家的「學識程度」是可由集團的共同研究和檢討而共同進步的。此外如有特別困難的問題，實在為自己的小集團所不能解決的，可以提出向本集團外的比較有更好的認識和注意的人請教，關於「組織」、「舉動」和「推廣」等等問題，在本刊上已有好幾篇文字討論過，可供參考。當然，我們只能在原則上貢獻些參考的意見，關於具體的問題，是要就各自的特殊環境和特殊事實來研究解決的。倘有具體問題需要我們共同研究的，請寫信來告訴我們，我們當就所見得到的盡量貢獻。

附錄

大眾生活社致北平全體學生的一封信

親愛的同學們：

你們為著要鼓起民眾的救亡抗爭，為著要衝破暴敵漢奸的亡國戰線，已經用吶喊，示威和流血發動了神聖的民族解放戰鬥，「十二九」和「十二十六」無疑的已在中國民族革命史上寫成了最光榮的史頁。你們所付出的血的代價一點沒有虛擲，在北平的救國浪潮湧起以後，全國各地的青年們和一切不願做奴隸的男女同胞們都前僕後繼地起來給了你們以狂熱悲壯的響應，不論是華北，華中，華東，華南……這一個多月以來都灑遍了救國戰士們的熱血。不管內外民族敵人是怎樣聯成一氣用暴力欺騙來企圖消滅民眾的救亡運動，但是潛藏在大眾血流裡的忿怒此後是再也遏抑不住，每一顆灼熱的心，在現在都爆射出要求禦侮救亡的憤火；發動全國規模的抗敵戰爭，早已成了千百萬大眾喊出的一致呼聲。雖然在嚴重的消息封鎖之下，使大家很難看到各地救國運動的繼續烽起，但是各地的救亡的熱血正在飛快地匯流攏來，卻是千真萬確的事。我們應該深信中國的民眾是絕不讓國家滅亡，絕不讓內外民族仇敵繼續橫行的，一個光輝無比的民族解放的偉大勝利正在向我們招手。

我們正站在民族解放的文化陣線上次應全國青年們的救亡鬥爭，特別是對於北平的同學和各界參加救亡的同胞表示著無上的敬意。現在趁著上海救國運動開展的時候，我們首先要對北平受傷被捕的同學致最熱烈的慰問，對死難的同學致最深沉的哀悼，同時也把我們對於你們未死的同學的願望宣達出來。

華北危機以至整個中華民族的危機正在繼續加深，全國救亡戰士們此後必須擔負更艱苦的重任。我們跟你們一樣，堅決地認定在目前要保證民族解放的最後勝利，只有全國人民結成一條極廣大極堅強的民族聯合戰線，各界的和各地的同胞此後必須站在民族獨立自由的大旗之下，臂膊挽緊臂膊地形成擊潰內外民族敵人的革命攻勢。因此我們首先希望你們伸過手來和南方的民族戰士握得比以前更緊些，希望你們把寒假期內的救亡工作和消息不斷地報告我們，供給我們許多光輝的材料，我們不但應當盡量給你們發表出來，傳達給南方的救亡大眾們，而且也將用熱烈的救亡工作回應你們。假如你們能為我們建立供給救國消息的通訊網和推銷救國刊物的發行網，那我們所表示出來的，將不只是感激，而且是更大的興奮。

知道你們在寒假期內仍然到鄉村，到街頭巷尾繼續救亡的工作，因此我們相信你們在不久的將來又將燃燒起比以前更熾烈更光耀的民族抗鬥烽火。把北平以至整個華北從屈辱的冰天雪地中奪回到民眾的熱手中來。我們第一希望你們組織得比以前更嚴密，更堅強；第二希望你們用加倍的努力去宣傳，鼓動，組織大眾；第三希望你們從救亡鬥爭中學習民族解放的理論與戰術，採取突擊的姿勢；第四希望你們誓死堅持到底，一直到內外民族敵人的營壘完全坍毀；第五希望你們經常地跟其他各地的救亡戰士互通聲氣，以便建築一列全國規模的抗敵救亡堡壘。

這封信希望你們公布出來，給全體同學公看，也希望你們給我們大聲的回答。敬致

民族解放的敬禮！

大眾生活社敬啟

上海文化界救國運動宣言

國難日亟，東北四省淪亡之後，華北五省又在朝不保夕的危機之下了！「以土事敵，土不盡，敵不饜」。在這生死存亡間不容髮的關頭，負著指導社會使命的文化界，再也不能夠苟且偷安，而應當立刻奮起，站在民眾的前面而領導救國運動！華北教育界「最後一課」的決心，是值得讚佩的。華北青年熱烈的救國運動，尤其引起我們十二萬分的同情。因為華北事件的教訓，我們應該進一步的覺悟！與其到了敵人刀口放在我們的項頸的時候，再下最大的決心，毋寧早日奮起，更有效的保存民族元氣，爭取民族解放。

四年餘的事實告訴我們：敵人對中國的侵略，絕不是少數人的盲動和野心，而是帝國主義發展的必然結果——積重難返的經濟恐慌和赤字財政造成了他積極侵略的大陸政策。假如到了今日還有人想用妥協，提攜，親善，甚至遊說的方式，希求敵人的覺悟，那真是與虎謀皮了！

爭取民族的解放，不單是中國人民的天經地義，而是任何被壓迫民族的天經地義。

敵人的壓迫愈嚴重，中國人民對民族解放的要求，亦愈高漲。盡量的組織民眾，一心一德的拿鐵和血與敵人作殊死戰，是中國民族的唯一出路。這樣的一個神聖戰爭，世界上凡是有理性的人，都會給我們以深切的同情。一切苟且因循的政策，都只有分散民族陣線，使敵人逐步的消滅我們，因此，我們主張：

一、堅持領土和主權的完整，否認一切有損領土主權的條約和協定；

二、堅決反對在中國領土內以任何名義成立由外力策動的特殊行政組織；

三、堅決否認以地方事件解決東北問題和華北問題——這是整個的中國領土主權問題；

四、要求即日出兵討伐冀東及東北偽組織；

五、要求用全國的兵力財力反抗敵人的侵略；

六、嚴懲一切賣國賊並抄沒其財產；

七、要求人民結社集會言論出版之自由；

八、全國民眾立刻自動組織起來，採取有效的手段，貫徹我們的救國主張。

上海文化界救國會第二次宣言

上海文化界同人對華北分離運動所釀成的新的民族危機，曾經發表過一次宣言，我們同情於華北學生熱烈的愛國運動，提出了「堅持領土主權完整，否認一切有損領土主權的條約和協定」；「堅決反對在中國領土內以任何名義成立由外力策動的特殊行政組織」；「堅決否認以地方事件解決東北問題和華北問題」；「要求即日出兵討伐冀東及華北偽組織」；「要求用全國的兵力財力反抗敵人的侵略」；「嚴懲一切賣國賊並抄沒其財產」六項主張。這種主張雖已獲得了廣大的知識者群及大眾的響應，但卻未曾被我們的政府所採納。在目前，華北自治運動仍在冀察政務委員會的名義下化裝出現；冀東偽委員會甚至在擴大組織與區域；察東六縣又陷在敵機重炮下，而且也預備放棄了；敵軍在華北公然地增兵，對全國更提出「三大原則」作全盤的併吞，並逼迫我國政府締結中×軍事同盟，驅使中國大眾作進攻蘇聯的先遣隊。凡此一切都在說明民族危機的迅速發展，敵人侵略的決無止境，中國民族已到了和平絕望的時候，犧牲已到了最後的關頭，不容我們一誤再誤，徘徊猶豫了。

在當前嚴重的危機下，全國大眾已超過了忍耐的限度，目下全國學生的愛國救亡的高潮，明顯的是全國大眾一致奮起救亡圖存的先導。這一愛國運動正在開展中，鋼鐵般的民族陣線，將由全國大眾自動建立起來，形成不可侮的巨力。可惜，我們的政府未見及此，愛國運動在在被軍警摧殘；最近上海的學生請願運動，弄成可歌可泣的悲劇，致使民情不能宣泄；甚或逮捕愛國民眾，向手無寸鐵的人民宣布戒嚴。凡此，我們都認為措置失當，不能不提出抗議的。

同時，我們對於上海及全國文化界的工作者，也覺得還要說幾句話：我們文化人在當前愛國救亡運動的高潮中，實在還沒有能盡我們時代的任務。全國各級教師們，還未站在學生的前面，負起領導學生救亡的責任；從事新聞事業的人們，還在新聞檢查制度下，隱匿現實，顛倒是非，沒有站在大眾前，負起輿論的領導；雜誌編輯及作家們，尚未做到盡自己的良心，用自己的筆代表大眾說話，並指導大眾的行動；其他如出版，戲劇，電影等部門的工作者，也未能盡自己的領域內應盡的天職。這不能不說是我們的恥辱。

就是因為我們過去的工作是萬分不夠，所以我們現在要先組織自己，用集團的力量，來負擔我們時代的任務。在上海文化界救國會成立的今天，我們再對全國宣言：我們過去提出的政治主張，在原則上仍然沒有改變；而在總的救亡的主張上，我們更具體地提出：

一、根本改變目前外交政策，公布過去的外交經過；
二、開放民眾組織，保護愛國運動，迅速建立起民族統一陣線；
三、停止一切內戰；
四、武裝全國民眾；
五、保障集會結社言論出版的絕對自由；
六、罷免並嚴懲一切賣國的親敵官吏；
七、對敵經濟絕交，全國恢復抵制仇貨；
八、釋放一切政治犯，共赴國難。

同時對於目前各地當局的失態，我們要求政府予以糾正，馬上執行：

一、嚴懲各地摧殘救國運動的負責長官；

二、取消對愛國運動的戒嚴令；

三、撤廢新聞檢查制度，開放新聞封鎖；

四、釋放被捕愛國學生及市民，並保證以後不得再有同樣事件發生。

對於全國文化界工作者，我們要求：

一、大中小學的教師們，趕速的站在學生前面，領導學生救國運動；

二、從事新聞事業的人們，忠實地報告救國運動消息，樹立公正輿論；

三、著作家們，本著各自的文化領域，用各種方式，激發大眾鬥爭的意識，建立正確的理論領導；

四、反對文化統制，反對文化界漢奸！

五、全國文化界聯合組成救亡的統一陣線，領導民族解放運動。

北平各校通電

國民政府，行政院，軍事委員會鈞鑑：全國各報館，各通訊社，各雜誌社，各機關，各法團，各學校，各學生團體，及全國民眾公鑑：

頻歲民族多難，失地喪權，已至於無可讓步之地。近則北方各省復有組織特殊政治機構之醞釀，自叛逆殷汝耕倡亂冀東，漢奸益形活躍，背景所在，盡人而知。顧其範圍，又豈止此！華北之經濟利益，乃至於領土主權，轉瞬將非我有，強敵已入腹心，偷息絕不可得。自治不幸實現，則在「防共自治」名義之下，敵騎可以恣意衝撞，即我民族覆亡之時。數年來之教訓，「以夷制夷」既不可行，而「苟求偏安」又豈事實所許可？此時之勢，抵抗為唯一出路，若猶高唱「協調，忍耐」，豈將俟破亡而後為最後關頭乎？

吾民誓死反對斷送領土及主權之自治行動以及任何變相之獨立陰謀，以其純為暴敵所一手造成者也。凡有倡言自治之人均為漢奸，民族之蟊賊，人人皆得而誅之。應請政府立即下令討伐首倡叛亂之殷汝耕，收回冀東，以保持領土及行政之完整。雖然，今日之華北，敵方伸手攫取，而我政府果有何對策，地方當局具何決心，吾民殊不能瞭然。推而廣之，我對敵之外交政策究作何決定，吾民亦無從知之，國家之外交手段，自不能任意公開，顧外交大計則未聞有不可告人者也。政府誠以民族存亡為重者，應即公開外交政策，更應與吾民以集會結社言論之自由，俾真正之民意得伸而作為抗敵政府之後盾也。

今日而欲求生路，唯有動員全國抵抗之一途。不戰固不得幸生，即一切局部抵禦亦無裨於大局。吾民要求政府立即領導全國民眾以四萬萬人之力量發展民族鬥爭；一方實行與一切被壓迫民族，以平等待我之民族，及敵國內以同情心對我之人民密切聯合；並取消一切對敵債款，沒收敵在我境內之一切財產，及漢奸之逆產，以充實抵抗力量。民族解放之途徑，捨此莫由。十一月十九日五全代會蔣介石先生對外關係演詞中謂：「和平未到完全絕望時期，絕不放棄和平；犧牲未到最後關頭，亦不輕言犧牲。」吾民茲以今日之情形為問：和平豈尚有望？最後關頭豈尚未到？若尚固執「安內攘外」、「生聚教訓」之見，誠恐內部既不得安，外患又與日俱甚，將見國亡之後，適受敵人之「教訓」，資敵人以「生聚」也。阿比西尼亞以褊小之國而能動員民眾抵抗義大利之侵略，使其強敵不得暢所欲為；「九一八」之後，我以不抵抗而喪失東北四省之地，抵抗與不抵抗之懸殊如此。「一二八」之役，我以局部作戰，雖賴民眾之擁護而造片段光榮，然卒有停戰協定，長城各口之戰，亦以局部抵禦而留《塘沽協定》之羞，則又不動員全國之結果也。長城淞滬諸戰役，敵以傾國之師，挾械精餉足之利來犯，而猶在滬三易主帥，在長城迭受創擊者，則以吾民眾之紛紛起立，無論在物質上在精神上均予我軍以援助也。向使當時即能動員全國，又焉至於有今日之形勢哉！是知我之力固足以抵抗也，今而急起，事尚可為；若再因循，後將無及矣！

設今日而猶存「偏安」之幸心，以華北乃至於沿海之地事敵，抹財貨退處隅陬，以為假我數年，屯聚訓練，然後有為，是何異於痴人夢想！敵蠶食以進，數年之後，隅陬之地亦將不免於亡，則豈具「國則必亡，我獨後亡」之決心乎？設今日而猶行「佯戰」之手段，驅地方軍隊作戰，而中樞靳一彈而不給，且與敵交飲香檳，則局部雖堅苦支撐亦無能為力，終復產生停戰協定，而亡國隨之矣。故吾民深不願思及二者而唯冀政府出以動員全國抵抗也。

吾民置身危城，日受熬煎，顧瞻前途，已不能再事容忍，願對政府作如左之請求，希國人共起督促之：

一、誓死反對「防共自治」。請政府即下令討伐叛逆殷汝耕！

二、請政府宣布對敵外交政策！

三、請政府動員全國對敵抵抗！

四、請政府切實解放人民言論，結社，集會之自由！

私立北平燕京大學學生自治會、國立清華大學學生自治會、國立北平師範大學各班代表聯合會、國立東北大學級長會、國立北平大學法商學院三院學生自治會、國立交通大學北平鐵道管理學院學生自治會、國立北洋工學院學生自治會、私立朝陽學院學生自治會、私立華北學院學生自治會、河北省立法商學院學生自治會、河北省立工業學院學生自治會、北平市立第一女子中學學生自治會、私立北平今是中學學生自治會、私立北平藝文中學學生自治會、私立北平崇實中學學生自治會同啟

二十四年十二月六日

上海新聞記者為爭取言論自由宣言

我們都是以新聞事業為職業的記者，深知道我們的責任是要做民眾的耳目，民眾的喉舌，要把國家民族所遭遇的實際情形，坦白地報告給讀者，為了國家民族前途的利益，說民眾所必要說的話。但是，幾年來環境的束縛，我們正確的報導，不能刊登在報紙上，我們連受良心驅使所要講的話，也不能披露在號稱輿論總匯的報紙上；每天翻開報紙，尋到我們辛勤得來的可靠消息，已經變成一大塊空白，或者成為幾百個幾十個方框，或者是用了一塊報館的廣告抵補著，我們心中的悲憤，當然比任何讀者為甚；因為我們身歷其境，當然對違反全國民意的新聞檢查制度，和報館奉令唯謹不敢稍違的態度，更覺痛心疾首！

在這整個國家整個中華民族的存亡關頭，我們絕不忍再看我們辛勤耕耘的新聞紙，再做掩飾人民耳目，欺騙人民的煙幕彈，更不忍抹煞最近各地轟轟烈烈愛國運動的事實披露。我們認為言論自由，紀載自由，出版自由，是中國國民應有的權利。就是在中國國民黨第一次全國代表大會宣言所列載的對內政綱裡，也有明文規定，到現在為止，秉政的中國國民黨政府各級機關所每星期誦讀的總理遺囑中，還明白昭示國民黨同志，各機關公務人員，「務須遵照」著「繼續努力，以求貫徹」的。所以我們不必向什麼機關請求，哀乞，我們應該自己起來，爭取我們自己所應有的自由！

在整個中華民族解放鬥爭的階段上，報紙應該是喚起民眾，組織民眾，反抗一切帝國主義者侵略壓迫的唯一武器，要這個武器發生運用的功效，只有先爭取言論自由！因此，我們堅決地主張：

一、反對新聞檢查制度的繼續存在！

二、檢查制度雖不立刻撤銷，一個自己認為還算是輿論機關的報紙，絕對不受檢查！

我們固然堅持言論自由的原則，但對徒利敵人的消息，如關於外交國防軍事之類，當然不願輕率披露。不過，對於現階段的中日問題我們一定要公開披露。這理由很簡單，人家已經蹂躪了我們的同胞，侵占我們的土地，還要更進一步的使我們全國的同胞都做它的奴隸，試問在這種情形之下，還有什麼外交談判可說？一個「人」被人打了，打得受了重傷，還有臉俯伏在他人的胯膝下喊「親善」？「提攜」？我們想：在任何民族裡都找不出這種十二萬分的奴才坯子！就是連最低賤的人，也絕不肯做如此勾當吧！當然，我們很信任提倡禮義廉恥的政府當局，絕不會這樣幹的！那末，現階段的中日問題，還有什麼不可坦白昭告全國的地方呢？

最後，我們抱著滿腔熱血，提出下列口號：

一、根本撤廢新聞檢查！

二、隨時公開對日外交！堅決反對任何屈辱祕密協定！

三、以全國的力量，收復失地！

四、要復興民族，恢復國權，必須實行言論出版集會結社的自由；以集中全國的力量，收復失地，爭取中華民族解放的勝利前途！

電子書購買　爽讀 APP

國家圖書館出版品預行編目資料

大眾集：對國家大事漠不關心，最終便淪為刀組下的魚肉 / 鄒韜奮 著 . -- 第一版 . -- 臺北市 : 崧燁文化事業有限公司 , 2023.10
面； 公分
POD 版
ISBN 978-626-357-618-6(平裝)
1.CST: 時事評論 2.CST: 言論集 3.CST: 中國
078　　112013888

大眾集：對國家大事漠不關心，最終便淪為刀俎下的魚肉

臉書

作　　者：鄒韜奮
發 行 人：黃振庭
出 版 者：崧燁文化事業有限公司
發 行 者：崧燁文化事業有限公司
E-mail：sonbookservice@gmail.com
粉 絲 頁：https://www.facebook.com/sonbookss/
網　　址：https://sonbook.net/
地　　址：台北市中正區重慶南路一段六十一號八樓 815 室
Rm. 815, 8F., No.61, Sec. 1, Chongqing S. Rd., Zhongzheng Dist., Taipei City 100, Taiwan
電　　話：(02) 2370-3310　　　傳　　真：(02) 2388-1990
印　　刷：京峯數位服務有限公司
律師顧問：廣華律師事務所 張珮琦律師

定　　價：250 元
發行日期：2023 年 10 月第一版
◎本書以 POD 印製